生活者ニーズ
から発想する

「マーケティングの基本」

西根英一
ヘルスケアビジネス設計士
マッキャンヘルスコミュニケーションズ
最高知識責任者、CKO

THE BASIS OF
"HEALTHCARE"
MARKETING

はじめに 〜 ヘルスケアビジネスはじめよう

「ヘルスケア」という言葉から多くの人が連想するのは、きっと、消毒薬臭い「医療」の世界だろう。しかし、ヘルスケア本来の意味は、英語のMEDICAL CARE、HEALTH、WELLNESS、BEAUTYまで、とても広範囲にわたるものである。

　一般には、HEALTHもWELLNESSも「健康」と訳されることが多い。この両者の微妙な違いについて、"なぜ、あの人は消費行動をとるのか"を研究するマーケティングの消費者行動学という側面から、少しばかり補足するとしよう。この学問の一つの理論で、どっちの方向にフォーカスを当てて行動するかをとらえた制御焦点理論を参考に、行動をとる理由が、「損失」（ここでは「病気」）を回避したいという後ろ向きな気持ち（prevention focus、予防焦点）からの場合がHEALTH、一方、「利得」（ここでは「健康」）に接近したいという前向きな気持ち（promotion focus、促進焦点）からの場合がWELLNESSと解釈すると、その違いが理解しやすい。（図１）

図1：HEALTHと WELLNESSの違い

©2015 西根英一 | Eiichi Nishine

　そこで本書では、MEDICAL CARE を医療、HEALTH を予防（ないし保健）、WELLNESS を健康、BEAUTY を美容と訳し、話していくことにする。

　経済産業省によると、2015年のヘルスケア（健康・医療・福祉関連サービス）の市場規模は66.4兆円に達すると推計している。ヘルスケアビジネスは産業界において最も伸長する業種の一つとして期待され、多くの企業や自治体が事業化を推進している。また、教育の場においても大学やビジネススクールにヘルスケアビジネス関連講座が新設されるなど、学際領域としても注目を集めている。私自身の身の回りも顕著であり、本業に加え、ビジネス講座や大学講義で日々忙しくしている。

ヘルスケアビジネスは、世の中の健康課題を解決するか改善するかして、「社会的価値」を生み、その社会的価値がさらなる企業活動の商機にもなるCSV（Creating Shared Value、共有価値の創発）という考え方と親和性が高く、これからますます企業経営、自治体経営のカナメとして注目度を増すであろう。

　本書にまとめた内容は、日本広告学会員として2012年と2013年に発表した2報*の研究論文と2014年全国大会の発表内容に基づく。

　ぜひ本書を頼りに、医療・保健・健康・美容をテーマにするヘルスケアビジネスのBRAND+ing（モノの設計図）、ISSUE+ing（コトの設計図）、MARKET+ing（ハコの設計図）、TARGET+ing（ヒトの設計図）に至るプロセスを会得し、皆さまのビジネスに活用いただければ幸いである。（図２）

・モノとは、対価として提供する「商材」そのもの。商品だったり、サービスだったり、施設だったり。このモノを設計する手法こそが、ブランディング（商材づくり）である。

---

*西根英一、ヘルスケアビジネスを成功に導く《モノコトハコヒト》の設計図－健康・医療・美容を取り巻く広告モデルの設計と展開、日経広告研究所報270：p10〜16、2013年8月〜9月、日経広告研究所
*西根英一、ヘルスケアビジネスのリテラシー対応型広告モデル－エビデンス－プラクティス・ギャップの解明と対策、日経広告研究所報264：p25〜31、2012年8月〜9月、日経広告研究所

図2：モノコトハコヒトの設計図

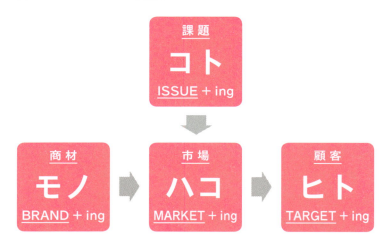

©2015 西根英一 | Eiichi Nishine

- コトとは、社会的な課題を指す。世の中の話題だったり、世論だったり、世相だったり。コトを設計するには、イシューイング（課題づくり）が求められる。
- ハコとは、市場のこと。空き地を探して秘密の花園をつくる、このハコを設計する手法をマーケティング（市場づくり）と呼ぶ。
- ヒトとは、顧客。アタマを整えるアプローチとココロを調えるアプローチがある。このヒトの設計には、ターゲティング（顧客づくり）が欠かせない。

「モノ」を「ハコ」に入れて、そのハコから「ヒト」がお気に入りを取り出すという消費行動の仕組みに、「コト」がズシッと関わった感じが、ヘルスケアの消費行動の特徴的な点だ。

　新たにヘルスケアビジネスをはじめる方も、改めてヘルスケアビジネスを行う方も、すでにヘルスケアビジネスに取り組んでいる方も、この本を手に取ってくださったに違いない。

　いま、真実を言おう。ヘルスケアビジネスは、もはや規模を誇る大企業や指導的立場にある国だけのものではない。地方の中小企業も自治体も、下町の食堂も、島に一軒のパン屋さんも、自宅をオフィスにする個人事業主、ギター片手のストリートミュージシャンもが、ヘルスケアビジネスをちゃんとはじめることができる時代なのだ。

この本を手にしたら、街を歩いてみよう。いつもの「美容室」の看板が変わっているかもしれない。美容室という空間は、スタイリストやネイリストだけのものでなくなり、美容「＋健康」をキーワードに、自然食を謳うカフェが共同経営に加わったり、あの通りの角にある調剤薬局が、薬剤師と栄養士のいる"健康ステーション"になって、服薬指導だけでなく食事指導をはじめたり、土曜の午後になると、となりのスーパーといっしょになって"健康マルシェ"を店頭にオープンしたり。ミュージックの世界に、恋バナ（恋の話）を歌う恋愛ソングじゃなく、健バナ（健康の話）を歌う新ジャンルができたり。だって、落語の世界も、漫談も、だいたい人の病気や健康や、美容をネタに笑ってる。

　僕らの生活は、ほとんど《ヘルスケア》で囲まれている。それくらい、挨拶代わりの話題なのだから、ビジネスできないわけがない。

　ヘルスケアビジネスは、「元気してる？」のいつもとなりにずっといる。

西根英一
マッキャンヘルスコミュニケーションズ
ＣＫＯ（最高知識責任者）

CONTENTS 目次

はじめに　ヘルスケアビジネスはじめよう P003

第1部　ヘルスケアビジネスのナレッジ篇 P013

- 1.1　健康とは、何か？ P015
- 1.2　健康には、価値がある P017
- 2.1　行動には、言い訳が必要！ P028
- 2.2　行動変化には、きっかけが必要！ P041
- 3.1　ココロを調えるアプローチ 〜「感情介入」 P044
- 3.2　アタマを整えるアプローチ 〜「情報支援」 P046
- 3.3　介入支援の4象限 P049
- 4.1　制御焦点理論
  　　〜ネガティブな結果とポジティブな結果、どちらに敏感？ P062
- 4.2　関連性理論 〜あきらかでわかりやすいと結びつく！ P076

第1部のまとめ
　ヘルスケアビジネスを成功に導くチェックリスト／ナレッジ篇 P081

第2部　ヘルスケアビジネスのマーケティング戦略篇 P083

- 5.1　モノの設計図 〜ブランディングとは？ P086
- 5.2　ヘルスケアビジネスのブランディング P093
- 5.3　ヘルスケア商材のエビデンスとインサイト P106
- 6.1　コトの設計図 〜イシューイングとは？ P118

6.2 ヘルスケアビジネスのイシューイング P124
7.1 ハコの設計図 〜マーケティングとは？ P140
7.2 ヘルスケアビジネスのマーケティング P144
8.1 ヒトの設計図 〜ターゲティングとは？ P152
8.2 ヘルスケアビジネスのターゲティング P154

第2部のまとめ

ヘルスケアビジネスを成功に導くチェックリスト／
マーケティング篇 P163

第3部 ヘルスケアビジネスのコミュニケーション設計篇 P165

9.1 伝えると伝わる〜ヘルスケアのコミュニケーション環境 P168
10.1 ヘルスリテラシー対応型コミュニケーションモデル P171
11.1 ヘルスケアの情報発信
　　　〜学術発表・戦略ＰＲ・広告プロモーション P176

第3部のまとめ

ヘルスケアビジネスを成功に導くチェックリスト／
コミュニケーション篇 P183

おわりに　ヘルスケアビジネスつづけよう P185

KNOWLEDGE

第 1 部
ヘルスケアビジネスの
ナレッジ篇

ゆめのある・しあわせの・きっかけを。

　僕は、ヘルスケアビジネスのあるべき姿を、こう考える。これに当てはめて、発想し、修正し、決定している。

　ここまで行き着くには、25年以上もの年月がかかった。僕のヘルスケア業界でのキャリアは長い。営業成績が最大目標であった製薬会社時代の6年間。患者が増えることに喜びを感じてしまった自分を省みた。そして、ヘルスケアのコミュニケーション業界に転職。クライアントファーストの広告サービス業にどっぷり漬かり、15年目を過ごしていた。そんなとき、社会的な健康課題を解決、ないし医療問題を改善するための役割と責任（と年俸）を提示し、そのためのポジションを用意してくれたいまの会社に出会った。優秀な部下たちに支えられ、いくつもの国家プロジェクトで指揮を執ることができた。いまの会社に7年間、いまのポジションに就いて5年目になる。ようやく、専門はヘルスケアのマーケティングコミュニケーションです！　と言えるような立場になった。

第1部では、ヘルスケアビジネスを創造するために必要なナレッジについて触れる。いわゆるヘルスケアビジネスの、知ってて納得！の基礎知識である。

　金銭に換算した価値にギラギラするだけでなく、社会的価値に換算したキラキラのヘルスケアビジネスも創造してください！　ゆめのある・しあわせの・きっかけを。

1.1 健康とは、何か？

　健康のために何かしてるんですか？　と聞かれると、僕は、「一人飲みです！」と答える。すると、たいていの人が、「え～」とびっくりした表情を返す。

　見た目、色黒。よく食べよく飲む。その割にはデブってない僕に期待していた答えは、おおよそ、「ジムに通ってます！」とか「ランナーです！」とか、そんな答えであったに違いない。

健康は、確かにカラダが資本。でも、カラダだけの問題ではなく、ココロもアタマも良い状態でないと、大事な健康は保てない。
　それでもってさっきの話に戻すと、そのあと、「へぇ～、一人飲みですかぁ。何のために？」とか言ってくるので、僕は「夢の整理のために」とちょっとキザに答えてしまうわけだ。一人飲み（いわゆる小料理屋のカウンター飲みなんだけど……）を週に一回設けないと、ココロとアタマは疲れるし、それができない状態が続くと、きっとカラダにガタが来る。
"健康とは何か？"この健康定義について、WHO（世界保健機関）は、WHO憲章の序文でこう謳っている。「Health is a state of complete physical, mental and social well-being and not merely the absence of disease or infirmity.（健康とは、身体的、精神的、かつ社会的に良好な状態を指し、単に病気でないとか虚弱でないということではない）」
　ほらね。僕の健康行動は間違っていない。一人飲みだって、れっきとした健康行動だ。
「健康のために何かしてますか？」と尋ねたら、たいていの人は、たいしたことない健康行動であっても自ら許容し

て答えることができるだろう。でも、「何のため?」「誰のため?」なんていうような、つっこんだ質問に明確に答えることは、なかなかできない。健康について問うたところで、How are you? 程度の振りにすぎないのだから、そんな話題がきっかけで健康意識に目覚めたり、ましてや健康意欲が高まるわけもない。

　だから、健康なんてほっとけば自然消滅して、つぎのようなことになってしまうわけ……。

1.2 健康には、価値がある

「健康県」といえば、誉れ高きは沖縄県。正確に言うと、「誉れ高かった」という過去形。

　いま沖縄は、決して「健康県」でも、もはや「長寿県」でもない。タバコを吸う人は年齢、性別問わず多いし、アメリカナイズされた食文化により、塩分過多、糖分も摂りすぎの傾向だし、さらに歩かないことでは、日本代表の確固たるレギュラーポジションを譲らない。で、結果はというと、喫煙によるCOPD（慢性閉塞性肺疾患、いわゆる「タバコ病」）や肺がんの罹患率は全国平均より高く、食生活の乱れや運動不足がたたる肥満率にいたっては日本一を誇

り、「職場の健診で異常があった人の割合（有所見率）は2011年から3年連続で全国ワースト。なかでも血中脂質、肝機能、血圧など生活習慣病関連の健診項目の有所見率が高かった」（沖縄タイムス 2014年8月8日）、というように沖縄県は堂々の「生活習慣病県」となっている。

　でもなぜに、沖縄はいまだに「健康県」のイメージが定着しているのだろう？

　前項の健康定義「健康とは、身体的、精神的、かつ社会的に良好な状態を指し、単に病気でないとか虚弱でないということではない」をWHO憲章に見たように、どうも沖縄の健康イメージは、身体的（フィジカル）に健康かどうかよりも、精神的（メンタル）あるいは信仰的（スピリチュアル）な健康度合、かつ社会的（ソーシャル）な健康度合に依拠しているようだ。（図3）

　沖縄のオジイとオバア、子供たち、そして日常生活を営む地域社会には健康イメージがある。オジイとオバアは家族や社会の中で役割をしっかり持って輝いているし、子供は個性豊かで笑顔に溢れ、大人から子供まで隔てなくそれぞれにコミュニティ活動が活発だ。

　たとえば、こんな曲は沖縄の社会的キズナを象徴する。「ゆい、ゆい、ゆい、ゆい、ゆい、ゆい、ゆいまーる♫」（「ユ

図３：健康度合の構図

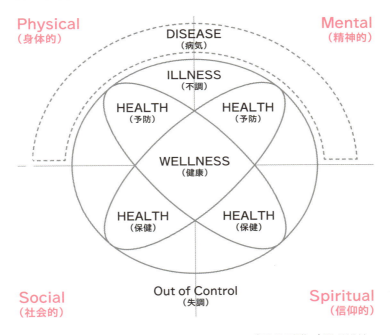

©2015 西根英一｜Eiichi Nishine

鈴木 信氏（琉球大学名誉教授）の「体調不良の分画」を参考に筆者改変・作図。身体的・精神的・社会的、さらにスピリチュアルな面の支えで、調和が保たれていると健康を維持できる。しかし、身体的ないし精神的な活動が不調になると、その不調和が「病気」を引き起こす。また、社会的活動（加えて／あるいはスピリチュアルな側面）に不調を来すと、しだいしだいに生活の調子（リズム）が「失調」する。

第１部　ヘルスケアビジネスのナレッジ篇

イユイ」琉球民謡。作詞：坂田英世、作曲：知名定男）は、ユイマール（「ユイ＝結い」＋「マール＝順番」）という生活共同体による労力の相互交換を歌っている。この「ユイマール」精神という社会概念のほかにもう一つ、沖縄社会を象徴するのが、「モアイ」（模合）というリアルな金銭的相互扶助の寄合の存在である。保証を担保とする銀行に代わり、社会的な信頼というつながりをもとに、まとまった金額をグループのメンバーで工面し合う術として、モアイは沖縄社会に定着している。モアイは単に金融制度に留まらず、月1回の自由気ままを楽しむ会合として親しまれ、複数のモアイグループに所属する者も多い。文房具店では「模合帳」なるものが販売され、帳簿兼出席簿としてリアルに活用されているし、「モアイだから出かけてくる」で済んでしまうくらい、沖縄では生活優先度が高いし、モアイ大好き！を自称する沖縄県人は多い。このようなソーシャル（社会）のつながりが、メンタルの解放区になっているのは確かである。

　という具合に、沖縄はソーシャル・キャピタル（つながりの資産価値）という面において他の都道府県に比べて秀でている。ちなみに、自らをウチナーンチュ（沖縄の民）、ウミンチュ（沖縄の海の民）と呼ぶのも、ソーシャル・キャ

ピタルを互いに共有していることを象徴する。

イチロー・カワチ氏（ハーバード大学公衆衛生大学院教授）によると、「ソーシャル・キャピタルが高い地域ほど、自ずと交換する情報量が多く、その解釈や理解の度合いは高くなり、人間関係は円滑で、ストレスも減り、健康である」ことが多国間比較において証明されている。

また沖縄は、スピリチュアル（信仰）の面においても、メンタルの解放区をもつと言われる。「ユタ（いわゆる巫女）に相談しよう！」という選択肢は、最終判断をユタにゆだね、意思決定に伴う責任や未来のリスクに対するストレスから自らを解放する知恵の一つである。ご先祖信仰の高さも、これに近しい。

ユイマールやモアイという周囲の人との関係における実社会の助け合い（互助）から、自らの心の浄化（自助）につながるユタによる未来から現在への助言や、ご先祖様という過去から現在への助言に至るまで、沖縄人は精神的に解放され、ストレスフリーな健康生活を志向している。沖縄県＝「健康県」のイメージは、助け合いを構成する社会と助け合う意識をはぐくむ文化によって形成される、この空間的キズナと時間的キズナの強さに起因しているのだろう。

事実、キズナは健康維持ないし増進に"上乗せ効果"をもたらすと考えられている。地域や職域におけるコミュニティとしてのキズナや、個人のネットワークとしてのキズナを評価する研究報告が増えている。日本における、その代表的な一つがJAGES（Japan Gerontological Evaluation Study、日本老年学的評価研究）である。現在施行中の「健康日本21（第2次）*」においても、キズナの機能について触れ、「かかわる」「つながる」「ささえあう」という言葉が健康の維持増進の目標として掲げられている。

　しかしだ。キズナを"上乗せ"する、その下の基盤（カラダの健康）が脆弱になってしまったのが沖縄県のケースだ。身体的健康度がマイナスに向かう基盤に対して、キズナの上乗せ効果は、二乗にも三乗にもなって加速度的にマイナス成長を助長してしまった。まあ、逆転の発想をすれば、この基盤に対して介入することに成功すれば、沖縄県は"上乗せ"効果を最大限利用して、再び「長寿県」として復活する可能性を秘めている、とも言える。

　さて、残る身体的健康の復活は、沖縄県にとって、重点課題の一つである。全国に誇る「肥満県」のポジションが、いま沖縄県に与えられた称号だ。そんなブラックな勲章をもらったら、行政だって経済界だって黙ってはいられな

---

* 注釈：「健康日本21（第2次）」とは、国の健康指針であり、健康増進法や特定健診・特定保健指導等を定めて実行した「健康日本21」を引き継ぐ形で、平成25年（2013年）よりはじまった。"生活の質の向上"に焦点を当てた第1次の方針に加え、第2次では"社会環境の質の向上"にも力点が置かれている。

い。長寿再生をテーマに健診・検診の重要性等を提唱する「とりもどそう！健康長寿おきなわ！『健康おきなわ21』」（企画：沖縄県）や、食をテーマに地域住民の健康行動を向上させる「沖縄健康行動実践モデル実証事業『ゆい健康プロジェクト』」（企画：沖縄県、琉球大学）のほか、肥満解消をテーマに体重を健康的に1キロずつ減らす「健康うちなー未来プロジェクト『イチキロヘラス！チャレンジ』」（企画：琉球新報社、沖縄テレビ放送、ラジオ沖縄）、生活習慣改善をテーマに4万人が参加した「RBCおきなわ健康長寿プロジェクト『みんなで歩こうキャンペーン』」（企画：琉球放送、博報堂DYメディアパートナーズ、協賛：沖縄ファミリーマート）他のように、さまざまな沖縄健康プロジェクトが、産官学一体となって大々的にはじまった。（写真1）

写真1 RBCおきなわ健康長寿プロジェクト「みんなで歩こうキャンペーン」
詳細はこちら　http：//www.rbc.co.jp/tv/choju-project/index.html

県民の健康は、県民個人のメリットを生むだけでなく、社会活動の源泉であり、経済界の商材資源であり、行政のシティーセールス資源であり、つまりは、健康には商機を生むだけの価値があるということである。

　ここまでは、わかりやすい例として沖縄県という行政単位での健康課題への取り組みを紹介した。

　では、個人単位の健康課題への取り組みはどうだろう。人は、健康に価値を見いだすことができるだろうか。

　健康定義については、先のＷＨＯ憲章の序文で触れたとおりだが、ここではビジネス的側面から健康価値に触れ、その定義について考えてみよう。

　おおよそ、人は健康の価値に気づいていない。たとえば健診で「糖尿病」と診断されても、痛くも痒くもないから、糖尿病ぐらいではなかなか治療行動に目が向いていかない。具体的な数字をみれば一目瞭然。糖尿病と診断されて、治療しているのはわずかに全体の３割。７割の人がやり過ごすか、勝手に中断して治療を止めてしまう。治療していても、食事管理、運動管理、薬物治療が伴わないと血糖をコントロールするのは難しいため、結果、全体の１割の人（治療している人の３人に１人に相当）しか血糖は正しく維持されない。つまり、糖尿病患者に至っては、健康

であることの価値を見いだしていないということがわかる。（図４）

図４：糖尿病治療の現状

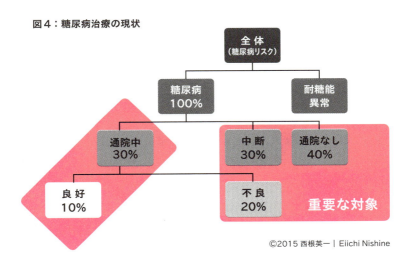

©2015 西根英一｜Eiichi Nishine

中山健夫氏（京都大学大学院教授）のデータより筆者作図。糖尿病に関して、治療している患者を対象とし、その治療法の有効性や安全性をみる医学研究は数多く存在する。しかし、糖尿病と診断されているのに治療に行かない全体の４割を占める人、あるいは治療を勝手に中断してしまった３割の患者を対象とする医学研究はまだ少ない。見過ごすことができない彼らをいかに通院させるかが、いまや日本の「国民病」と呼ばれている糖尿病の克服のカギとなっている。

このことから、「健康とは、不確実な利益である」と言える。まさしくこれこそが、"健康とは何か？"に答える、ビジネス的側面から見た健康定義だ。

　健康は利益でない（＝不利益である）と考える人は、おそらくいないだろう。しかし、その利益について深く考えたところで、「健康は、確実な利益である」と言い切ることができる人も、まずいない。だってその証拠に、人は健康行動（ないし治療行動）をとるとき、その行動の一つひとつをいちいち天秤にかけて、面倒だの、時間がないだの、お金がかかるだの、遠いだの、雨が降っているだの、汗をかくのがヤダだの、明日からにするだのと、つべこべと御託を並べて、"拒否る"理由を探したりする。

　健康行動（治療行動、保健行動、美容行動）は、誰のために？　何のために？　という目的化が難しいため、ついつい損得勘定が働き、「私がいままさに取ろうとしているこの行動は、インセンティブ（利益ないし純便益）だろうか、ディスインセンティブ（不利益ないし負担）だろうか」と、意思決定のものさしのプラスとマイナスの目盛りの間を行き来したりする。結果、やったり、やらなかったり、あるいはやってみたものの、続かなかったり。

こういったことから、ヘルスケアビジネスのゴールを考えると、「ヘルスケアビジネスは、（商品やサービスの提供をもって）健康利益の確実性を向上させるためのものである」と定めることができる。

健康行動には損得勘定が働く

2.1 行動には、言い訳が必要！

　たいしたきっかけもなく、気づいたら、何でこんなことに真剣になっちゃってるんだろう？ってことはある。ヘルスケアの領域だって、例外なくそうだ。だって、ヘルスケアのメニューはこんなにも豊富なのだから。（図5）

図5：ヘルスケアのメニュー一覧

治療 medical	保健・予防 health	健康 wellness	美容 beauty
例） ・生活習慣病 ・がん ・脳神経疾患 ・精神疾患 ・循環器疾患 ・呼吸器疾患 ・消化器疾患 ・泌尿器疾患 ・運動器疾患 ・代謝・免疫疾患 ・女性疾患、男性疾患 ・在宅医療、介護医療	例） ・運動 ・食事、栄養 ・睡眠、休養、抗疲労 ・禁煙 ・ブレインヘルス ・メンタルヘルス（抗ストレス） ・パブリックヘルス ・メディカルツーリズム（滞在型診療） ・感染予防 ・空気清浄 ・水分補給	例） ・スポーツ ・飲食、料理 ・住環境、ロハス ・コミュニティ活動 ・セクシュアルヘルス（性の健康） ・スピリチュアルヘルス（癒し） ・ヘルスツーリズム（森林浴、温泉浴） ・ワーク-ライフバランス ・ジェロントロジー（シニアの幸せ）	例） ・フィットネス ・○○セラピー ・スパ、エステ ・ヨガ、ピラティス ・口腔ケア、審美歯科 ・スキンケア ・アイケア ・メーク ・ボディメーク ・美容整形 ・アンチエイジング

©2015 西根英一 | Eiichi Nishine

　この中のひとつやふたつのことが、気になっていたり、悩んでいたり、真剣になっている自分がきっといるはずだ。

たとえば、食品から施術、はたまた形成手術まで、いつのまにか大枚をはたいてまでアンチエイジングに邁進してしまっている自分に気づいても、もはや笑うに笑えない。こんなオンナごころ（もしかしたらオトコごころ）には、そんな行動をとってしまっている自分に対して、合点のいく気持ちの拠り所が必要だ。自分にもまわりにも心地いい解がないと、以降その行動を続けにくいものだ。若々しく美しくいられることは間違いなく利益であるはずなのに、直後のご褒美に結びつかない"不確実な利益"である美容行動ではことさらのこと。「ママ、キレイだよ！　僕のためにありがとう」的なご主人からのあたたかい言葉があってこそ、続けられるというものだ。

　禁煙だって同じことで、禁煙することは利益であるに違いないのに、取り組んでいる最中は"不確実な利益"でしかない保健行動ゆえに、いまの耐えがたいつらさが、未来の豊かな生活を想像する邪魔をする。こんなとき、「パパ、ありがとう」的な愛娘からのあたたかいメッセージがあれば、続けられるに違いない。

健康行動（治療行動、保健行動、美容行動）は、誰のために？　何のために？　という目的化が難しいと前述した。ゆえに、目の前の健康行動の一つひとつに損得勘定が働き、意思決定がブレる。
"自分プラス誰かのために"という理由と、"健康プラス何かのために"という目的があってはじめて、ある健康行動を選択し、それを継続する中で揺れ動く心の所在なさを収める拠り所、つまり"言い訳"っていうものが成り立つ。
　先のお父さんの禁煙を例にとれば、"自分プラス愛娘のために"という理由、そして"健康プラス貯金のために"という目的があればこそ、損得勘定を誤ることなく、自分にもまわりにも合点がいく言い訳ができる。
　ここで、健康に向けた目標行動の言い訳づくりにはじまり、結果としてヘルスケアビジネスを成功に導く黄金式（ゴールデンルール）を紹介しよう。

【ヘルスケアビジネスを成功に導くゴールデンルール】

　ヘルスケアビジネスを成功に導くゴールデンルールは3つある。

1）誰のために？　何のために？という、その健康行動（治療行動、保健行動、美容行動）の言い訳（たとえば、"自分プラス誰かのために"という理由と"健康プラス何かのために"という目的）を「明快」にしてあげること

> 注：「明確」でなく「明快」であることが大事。とかく学ある者は、目標行動をこと細かに設定して「明確」にしようとしがちだが、かえって内容が深淵になるだけで、それでは理解が追いつかない（ないし、腑に落ちない）。マーケティングの消費者行動学に応用される関連性理論の解釈を借りれば、目標行動の関連づけにおいては、認知効果を上げ（理由があきらかで）、処理労力を下げる（目的がわかりやすい）「明快」なコミュニケーションモデルが求められる。

2）提示する健康行動（治療行動、保健行動、美容行動）が「エンターテインメント」であること

> 注：不安を煽動するようなシリアスなものでなく、単純に愉快（面白い）と思えること。

3）目標の実現までに選択肢があり、その意思決定を自己肯定できること

では、このゴールデンルールの再現性と適応性を、世界中で話題になったあの疾患キャンペーンでも検証してみよう。「ALSアイスバケツチャレンジ」（2014年の夏に大流行）である。難病「筋萎縮性側索硬化症」（ALS）の疾患啓発と患者支援が目的。指名された人は、頭から氷水をかぶる／寄付する／両方する、から一つの行動を選び、24時間以内に実行。つづいて友人3名を指名し、同様に促すというもの。

　すると数日で、フェイスブックを中心にソーシャルメディアには自らの行動を証す動画が大量に掲載され、同時にALS支援団体にも相当な勢いで寄付が集まった。この年、「ALS」の検索数は、過去10年間のそれをはるかに超えた。また、8月単月だけで「アイスバケツチャレンジ」の検索は9千万回を超え、寄付に関する検索数も3倍となった。

　これを検証すると、誰のために（⇒ALS患者・家族のために）、何のために（⇒ALSの疾患啓発ないし患者支援のために）が「明快」であると、指名された人は行動を起こしやすいことがわかる。

　そして、その目標行動を「エンターテインメント」と感じることができる（実際に紹介映像では、喚声を上げたり、拍手を浴びてたりしている）。

さらに、その目標行動の実現として、三つの「選択肢」が示されていて、いずれを選んでも（あるいはいずれを選ばなくても）、自らの意思決定を「肯定できる」（多くの場合、フェイスブックで「いいね！」をもらうことで、その行動は自ずと肯定化され、実行者の承認欲求も満たされる）。

　世界中を巻き込み、ここまで話題が大きくなった理由は、実行した１名が次の候補者３名を指名する方式にある。もちろん３名全員が行動を起こすとは考えづらいが、友人関係のご指名とあらば、脱落率だってそう高くはないはずだ。つまり、ここには基本再生産数（Basic Reproduction Number）の考え方が仕込まれていることに気づくだろう。

　Ｒ０（アールゼロ）で表示される基本再生産数とは、もともとは医療疫学において感染症の感染拡大の予測値として用いられるものだ。１人の感染が、何人に感染するかを数字化するもので、Ｒ０＞１であれば、感染が拡大する流行病、これをクチコミに置き換えれば、話題ないし活動の「拡散」を意味し、Ｒ０＝１であれば、感染がその地域に留まる風土病、つまり「地域限定」、Ｒ０＜１であれば、感染力は衰えていく「自然消滅」を意味する。つまり、R0の値が大きければ大きいほどクチコミ効果が高い、再生産能力に優れた話題となる。（図６）

図6：再生産（Reproduction）の能力

病気の原因や動向を研究する医療疫学では、
感染症が流行するかどうかを、基本再生産数（Ｒ０、アールゼロ）で示す。
「１人の感染が、何人に感染するか」を数字化し、予測するものである。

高
↑
感染力（再生産能力）
↓
低

Ｒ０＞１ 「流行病」（拡散）
「１人の感染が、１人より多くに感染する」

Ｒ０＝１ 「風土病」（地域限定）
「１人の感染が、１人にだけ感染する」

Ｒ０＜１ 「自然消滅」
「１人の感染が、１人に感染しない」

©2015 西根英一｜Eiichi Nishine

　そう、ＡＬＳアイスバケツチャレンジは、次の候補者３名を指名することで、基本再生産数をあらかじめＲ０＞１に設定していたのだ。ちなみに、クチコミ効果のことを「バイラル効果」と呼ぶが、viralの語源はウィルス性を意味し、感染能力のこと。医療用語とのかかわりが大きいマーケティング用語である。

もちろん、ALSアイスバケツチャレンジにしても、強い信念によって、あるいは別の正当な理由や反面的な評価によって、それの受け容れを拒む者もいたわけだが、世の中に新しいモノが普及する、ないしコトが浸透する行方を占う「**イノベーション普及理論**」（Everett M. Rogers、1962年、図7）をもとに考えれば、その出現は理解しやすい。

図7：イノベーション普及理論

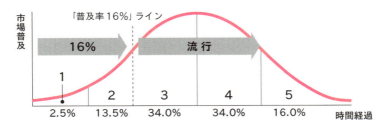

1. Innovator（目新しさに着目する革新派）
2. Early Adaptor（価値に着目する導入派）
3. Early Majority（流行先取り派）
4. Late Majority（流行後追い派）
5. Laggards（懐疑派ないし不採用者）

イノベーター＋アーリーアダプター＝「普及率16％」ラインを超えると臨界線に達し、以降の普及（流行）に加速がつく。

「Everett M. Rogers, Diffusion of Innovation Theory, 1962」より筆者加筆

イノベーション普及理論とは、"新しい"有形のモノや無形のコトが社会のなかで広がって、しだいに終わっていく様を説明するもので、マーケティングの基本の「き」に位置する理論の一つである。この理論に当てはめると、ALSアイスバケツチャレンジのように、突如、流行し、世間を踊らせ、騒がせ、賛否両論を巻き起こして、いつのまにか終焉してしまった現象を言い表しやすい。

　イノベーション普及理論によれば、ある新しい行動（商品購入とか、サービス利用とか、プロジェクト参加等）に将来関わるであろう人全体を100とした場合、全体の16％にその行動を拒むラガード（懐疑派ないし不採用者）と呼ばれる人たちが賛否両論を巻き起こす一派として現れることになる。少なくとも、ALSアイスバケツチャレンジのような新しい話題を普及させるには、イノベーター（目新しさに着目する革新派。全体の2.5％）の出現の後、アーリーアダプター（オピニオンリーダーとも呼ぶ。価値に着目する導入派。13.5％）、次にアーリーマジョリティー（流行先取り派、34％）、レイトマジョリティー（流行後追い派、34％）の存在があって、浸透、拡散していくわけだ。そして、イノベーター＋アーリーアダプターの計16％（普及率16％ラインと呼ぶ）を超えたとき、ALSアイスバケツ

チャレンジが爆発的に流行していくであろう兆しを、先見の明をもっていち早く感じ取った者もいたはずだ。

　しかし、その後に続いたマジョリティー（流行先取り派と流行後追い派）の中には、ALSという言葉を単純に記号化し、本来の目的から逸脱して、氷水を浴びることだけを目標行動に置き、世の流れに乗じた者もおそらくいたことであろう。流行とはそんな危険性をはらむものであることも、十分理解しておかねばならない。

　そこで、モノやコトの浸透・拡散・普及を目標とするとき、本来の価値に着目して行動し、その後の流行に影響力を及ぼすアーリーアダプターの質の確保が何をもっても重要と言える。アーリーアダプターが別名「オピニオンリーダー」と呼ばれるゆえんは、ココにある。アーリーアダプターの中に質の悪い売名行為に及ぶような輩（やから）が紛れ込んでしまうと、流行は思わぬ方に進んでしまうからだ。

　たとえば、ヘルスプロモーション（普及啓発から教育指導まで、健康増進のための活動全般のこと）のキャンペーンを張るとき、あるいは新商品のプロモーションを行うとき、注意すべきは、その価値を支持するオピニオンリーダーの育成は慎重に行わなければならないということ。留意すべきは、別の価値を固持する（あるいは一切従わない）

ラガードが一定数必ず存在することへの理解である。

　提示された行動に対して、イノベーション普及理論のラガード（懐疑派ないし不採用者）の存在を想起させる、もう一つのエピソードがある。

　日本高血圧協会理事長（当時）の荒川規矩男先生と博多の日航ホテルでふたりでランチをしたときに聞いた「話」である。

　高血圧治療のいまのもっぱらの話題は、高血圧治療患者の10〜20％にいるといわれる「難治性高血圧」なんだよ。国際高血圧学会でも、日本高血圧学会でも、話題はここに集約しつつある。いまや降圧薬は開発が進み、もはやこれ以上の治療はないくらいまで進化している。にもかかわらず、治療に抵抗性をもつ患者、つまり"治療抵抗性"の高血圧患者がいることが問題になっている。ここでおもしろい話があるんだけどね、どんな降圧薬の組み合わせを用いても血圧が下がらなかった"治療抵抗性"の高血圧患者たちにだよ、ある一つのことを真剣にやらせたら、見事に血圧が下がったんだ。何だと思うかね。それはね、減塩さ。

僕は、そのとき思った。難治性高血圧の本性は、いかなる薬剤も効かない"治療抵抗性"でなく、いかなる指導も聞かない"指導抵抗性"ではないかと。医者がどんなに正しい治療を施しても、正しいことをしたがらない患者が必ずいる。つまり、ラガード16％の存在だ。荒川先生が感じておられた10〜20％という数値にも見事に合致する。だから決して薬が効かなかったのでなく、生活態度そのものの姿勢であることに気づき、高血圧患者に対して最も基本的な減塩を実施したら、まんまと血圧が下がりました！ということ。

　おそらく、どんな疾患治療においても、"治療抵抗性"という名の"指導抵抗性"の患者がいるのではなかろうか。

参考）統合行動プロセスモデル

　先に示した「ヘルスケアビジネスを成功に導くゴールデンルール」は、医学研究として行動科学理論を体系化した「統合行動プロセス」（Fishbein & Cappella、2006年、図8）を参考に、マーケティングコミュニケーションの「関連性理論」を導入し、"成功の方程式"となるエッセンスを抽

出したものである。結果、意思決定から行動化に至る過程において、「行動には、言い訳が必要！」と、ざっくりくくった。

図8：統合行動プロセスモデルに基づく健康行動の発現プロセス

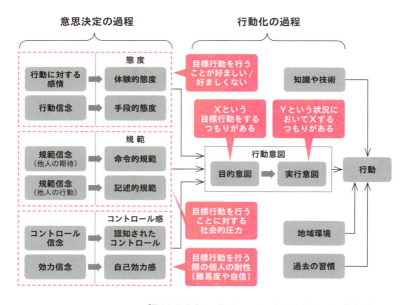

「Fishbein & Cappella, Integrative Model, 2006」より筆者加筆

2.2 行動変化には、きっかけが必要！

　健康行動を受け入れるプロセスについては前項で触れた。つぎに、ある健康行動に変わるプロセスについて触れよう。
そう、人は何かをきっかけに行動が変わる。健康行動では、おおよそそれは改善行動として表れる。気にしてなかったのに、あるきっかけで気になったり。怠慢な生活から、あるきっかけを境に一念発起したり。懐疑的だったのに、あるきっかけで信奉者に変わったり。

　ここで押さえておきたいのは、「気づき」のポイントである。「きっかけは何だったんだろう？」と振り返ると、あるポイントの存在に気づく。僕らマーケティングコミュニケーションを生業にしている連中は、この気づくポイントを「タッチポイント」と呼んでいる。きっかけとなる「時」（タイミング）であったり、「場」（スポット）であったりする。

　このタッチポイントを、うま〜くＣＭで表現したりするわけだ。このタッチポイントに共感する（激しく同意する）人たちが、こぞってその商品やサービスに飛びつくということになる。

「時」×「場」で設定される、このタッチポイントをわかりやすく表現すると、何かの調子に気になる存在になり、恋愛感情が芽生えるという、あの美しい恋愛の情景によく似ている。恋をすると、その瞬間から、人は意識も行動も変わるものだ。僕だって、初恋のころは、少女漫画的な出会いに恋い焦がれた。毎日、勝手な"妄想ＣＭ"をつくって、学校に行っていたようなもんだ。通学路を曲がったところであの娘に遭遇するとか、下駄箱を開けて上履きを取り出した瞬間に「西根く〜ん、おはよう」って微笑まれるとか、体育の後に顔を洗っていたら「ハイ！」ってタオルを差し出されるとか……。

　そんな恋愛情景をかませて、たとえば、「腋（わき）の下のニオイが気になる」のタッチポイントを恋愛シーンのひとコマとして表現したのが、通学するキャンパス内や通勤の車内における男女の出会いの機微に触れた制汗剤スプレーのＣＭだ。腋を見せるなんていうシーンは、そんなにないんだろうけど、好きな人の前で、もしそれをしちゃったときのことを考えると、「腋の下のニオイをケアする行為」の優先順位は上がる。ヘルスケアは、妄想ＣＭに萌え

るのだ。

　ヘルスケア商品やサービスは、恋愛妄想と相性がいい。恋愛の対象は、異性でも（人によっては同性でもありだし）、子でも、孫でも、「もしものあのとき」のことを考えると、いましておかなくちゃならないのが、治療であり、予防であり、健康であり、美容なのだ。

　健康とは不確実な利益である。よって、「ヘルスケアビジネスは、健康利益の確実性を向上させるためのものである」と前述した。健康のご利益（ごりやく）のありがたさは、妄想に重なる。その妄想イメージこそが、ヘルスケアビジネスの商材の魅せ方なのである。

　健康行動に変わるきっかけを諭すメッセージは、「もしあなたががんになったら」では決してない。

　ゆめのある・しあわせの・きっかけを。

3.1 ココロを調えるアプローチ
　　〜「感情介入」

　ヘルスケアビジネス、特にコミュニケーション的なアプローチには、どんな手口があるのだろうか。
　その一つが、「感情介入」という手口である。
「わかっているのに、（良いことを）できない」「わかっちゃいるのに、（悪いことを）やめられない」といった人が対象だ。「糖尿病と診断されたのに、通院しない」とか、「ふだんから歩くように心がけなさいと言われても、100メートル先のコンビニですら車で行っちゃう」とか、「タバコは身体に悪いとわかっているのに、やめる気がない」とか。こんな人に、くどくどと改善のための情報を提供したところで一歩も前には進まないし、極度に気分を害されるのがオチだ。だって、わかってるんだから。
　正しいアプローチは、慈愛にあふれた、「いつもそばにいるよ」的な見守りの姿勢だ。支援者には、その感情を維持しつづける忍耐が求められる。

具体的なヘルスプロモーションの例を見てみよう。製薬会社ファイザーが実施した禁煙プロモーションで「愛では、タバコはやめられない？」と妻の仲間由紀恵さんが愛する夫の温水洋一さんにアプローチするキャンペーン（2012年、写真2）。これは、「アタマでわかっているのに、ココロがついていけない」から禁煙できないでいる喫煙者への「感情介入」の手法。感情介入によって、共感性、安心感、柔軟度、忠誠心を提供する。

写真2　禁煙プロモーションの感情介入の例

3.2 アタマを整えるアプローチ
　　〜「情報支援」

　つぎに、介入支援のもう一つの手口である「情報支援」について考えてみよう。
「(良いことを)やってみたいのに、やり方がわからない」「試したいけど、どこから手をつけていいのかわからない」といった人が対象となる。「がんと診断されたけど、手術か抗がん剤か放射線か、どの治療法が自分に合っているかわからない」とか、「運動をはじめるつもりだが、何をしようか悩んでいる」とか、「今度こそタバコをやめたいんだけど、確実な方法がわからない」とか。こういう場合、ヘルスコミュニケーションの本(看護の教科書など)には、「そうなんだ、がんと診断されてつらいよね」「運動をはじめるつもりなんだね」「タバコをやめたいんだね」とオウム返しに受け応える姿勢を示すことが重要と、書かれているらしい。でも、このオウム返しの後に、「あなたなら大丈夫だよ」なんて、感情介入するようなやさしい言葉をかけようものなら、「他人事だと思って、真剣に考えてくれないんだね」と怒られちゃうのがオチ。具体的な策までをちゃんと考えて提示しないと、逆効果を招く。だって、こういう人は、すでにヤル気があるんだから。

このケースの正しいアプローチは、本当のことを伝えて核心に迫り、大切な人を正しく導く、「情報支援」という手口である。しかし、本当のことを語るには責任が伴うし、真実を知らせるには気遣いが必要だ。支援者には、そんな機微が必要な一面も求められる。

　先の製薬会社ファイザーの禁煙プロモーションで、仲間由紀恵さんのシリーズに先立ち実施されたのは、舘ひろしさんの「禁煙プログラム始めました！」宣言（2010年、写真3）だった。「ココロはあるのに、アタマがついていけてない（理解できない・納得いかない）」から禁煙できないでいる喫煙者への「情報支援」の手法。情報支援によって、具体的に有効性、安全性、簡便性、経済性を提供することになる。

写真3　禁煙プロモーションの情報支援の例

この手のタイプ（「ココロはあるのに、アタマがついていけてない」タイプ）は先入観や経験則といった固定観念にとらわれやすい傾向があるということから、固定観念をやんわりと解凍していく気遣いを示すことを、情報支援する前に忘れずに!!

　僕はあえて、援助を意味する介入と支援という言葉を使い分けている。役割だけを示す「介入」（例：感情介入）と、役割分担と責任所在を有する「支援」（例：情報支援）という具合に。（図9）

図9：介入と支援の違い

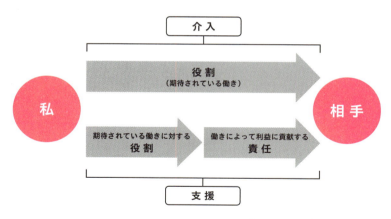

©2015 西根英一 | Eiichi Nishine

そして、この介入と支援には、行政による「公助」、社会による「共助」、人（ロボットや動物などによる代替を含む）による「介助」、自身の努力による「自助」がある。

　注意してほしい。「支援」というものが、相手の利益に貢献することを盾に、上から目線になったり、相手に弱者であることを認めさせるような圧力があってはいけない。

3.3　介入支援の４象限

　ヘルスケアビジネスを進めるにあたり、よくこういう質問を受ける。「コミュニケーションメッセージは恐怖訴求がいいのか？　激励訴求がいいのか？」

　介入支援として示した感情介入と情報支援はいずれも、「激励訴求」の域に入る。しかし、多くのケースで、健康訴求や疾患啓発に「恐怖訴求」のメッセージが用いられている事実がある。おどろおどろしいメッセージやビジュアルで、健康行動をとらせようとか、病院に行かせようとしている。たとえばこんなふうに。「放っておくと大変なことになります。いますぐお医者さんへ」。まるで、「いい子にしてないと、地獄に落ちるよ」みたいな呪いの言葉だ。

先に言っておこう。恐怖訴求は全ターゲット向きではないメッセージであり、おおよそ失敗する。「商品のプロモーション用のメッセージとして恐怖訴求を採用したブランドマネージャーのみなさんへ。投下したプロモーション予算の割には、結果はコケて、失敗しましたね」

　では、どういうときに激励訴求と恐怖訴求を使い分けるのだろうか。先の項で、アタマとココロのものさしについて触れた。アタマ○でココロ×の人には「感情介入」（激励訴求の一手法）、ココロ○でアタマ×の人には「情報支援」（激励訴求のもう一つの手法）。となると、アタマ○でココロも○、アタマもココロも両方とも×の人がいることは、容易に推測がつく。つまり、４象限の介入支援の方法と個別のコミュニケーションメッセージが存在することになる。介入支援したい相手に、このアタマとココロのものさしを当てて、コミュニケーションメッセージを質しさえすれば、成功率を俄然と高めることができる。（図10）

　この考え方は、何もヘルスケアビジネスだけでなく、ほかの消費財にも、もっと言ってしまえば恋愛にだって応用できる。事実、僕が学生相手に大学の教壇に立つときは、恋愛成就のための「口説きのテクニック」としてこの考え方を伝授し、のちにビジネスを成功に導くためのコミュニ

図10:介入支援の4象限とメッセージ

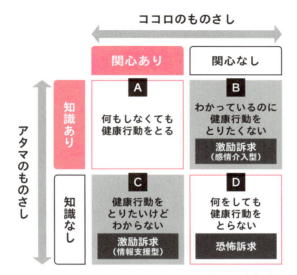

©2015 西根英一 | Eiichi Nishine

ケーション手法として理解を深めてもらっている。

「口説くなら、その相手は、この図の中のBかCだ。だって、Aだったら口説くこともなく付き合っているはずだし、Dなら口説くという手法自体が無理だ。僕と付き合わないと呪われるよ、ってDの女性を口説けるか、おい!?」

　ファイザーの禁煙プロモーションも、次のようにマッピングされる。(図11)

図11:喫煙者への介入支援

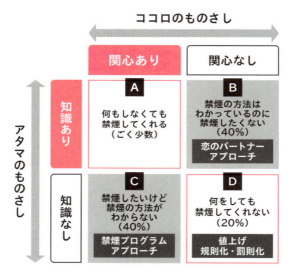

©2015 西根英一 | Eiichi Nishine

　統計的な参考値を入れると、アタマ○でココロ×の人（禁煙の方法はわかっているのに禁煙したくない人）は40％、ココロ○でアタマ×の人（禁煙したいけど禁煙の方法がわからない人）は40％、アタマもココロも両方とも×の人（何をしても禁煙してくれない人）は20％、そして、理論上成り立つアタマ○でココロも○の、何もしなくても禁煙してくれる人はごく少数となる。

==企業としてアプローチしやすい（ビジネスになる）のは、ココロ○でアタマ×の人（Ｃの象限）==。商材（商品＝禁煙補助剤、サービス＝禁煙プログラム、施設＝禁煙外来）をもって情報支援が可能だ。なので、ファイザーは、このグループからアプローチを開始した（舘ひろしさんの「禁煙」プログラム篇）。==つぎにアプローチすべきは、ココロ×でアタマ○の人（Ｂの象限）==（仲間由紀恵さん・温水洋一さんの「卒煙」ファミリー篇）。企業の商材そのものでの直接のアプローチは適わないが、コミュニケーションをかますことで、禁煙行動への誘導は叶う。将来の消費者として囲い込みが完了するというわけだ。この二つの取組みによって、ファイザーは禁煙市場をほぼ占拠することができた。

　企業としてアプローチ不能なのが、アタマもココロも両方とも×の人。ここは、政府や地方行政などに任せるしかない。タバコを値上げしてしまえば、禁煙せざるを得ない人が一部に現れる。○○市の条例では路上タバコや公共の場での喫煙は禁止です、と規則を設ければ、喫煙する機会が失われる。極端だが、タバコを吸う人は出世させません、と罰則じみたことを企業が宣言すれば、タバコを止める人が増えるだろう。そんな会社を辞めちゃう人もいるかもしれないけど……。

さらに、この４象限の図は、縦軸と横軸の２次元だけでなく、XYZの３軸にて、関心（X軸）・理解（Y軸）・行動（Z軸）を３次元に示すことで、関心度×理解度の結果、「行動あり・なし」までを含めた８象限にも展開できる。（図12）

この手法を用いた調査結果を示す。健康と食に対する関心、理解、行動の関係について、面白いデータが出たのだ。消費者１万人（全国の人口分布に比例して、地域・性別・年代を抽出）を対象に、健康リテラシーと健康食品の購買行動の関係を調べたものである（「健康素材商品の購買行動の関係についての調査分析」、人口比例配分した30〜

図12：関心×理解×行動の８象限

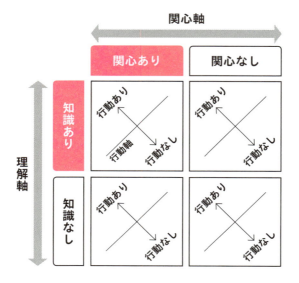

79歳男女1万人、2013年11月実施、調査報告：ＥＢＮ推進委員会、調査設計：西根英一、調査実施：マクロミル、調査主体：アミノアップ化学）。（図13）

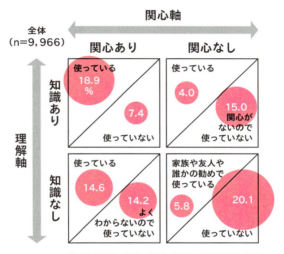

図13：健康素材商品に対する関心×理解×行動

【対象】30代・40代・50代・60代・70代の男女1万人
【方法】人口比例・地域比例構成のインターネット調査

©2015 EBN推進委員会（調査主体：2013年11月 アミノアップ化学）

横軸にココロの関心度、縦軸にアタマの理解度、斜軸としてカラダの行動度を示した。"関心があって知識があるから、使っている"という人たちが図内の左上にいたり、"関心がなくて知識もないから、使っていない"という人たちが右下にいたりするのは、当然うなずける。また、"（知識はあるけど）関心がないから使っていない"や、"（関心はあるけど）よくわからないから使っていない"という理由も合点がいく。ちょっと気がかりなのが、"知識はないんだけど、関心があるから使っている"という人たちが、しっかりとしたポジションを収めていることである。

この結果を性別・年代別など属性別に分類したり、他の設問の回答を軸にサブ解析したりすることによって、さらなる事象を読み取ることができ、詳細な傾向とその対策が可視化される。（図14-1、図14-2、図14-3）

図14-1：性別・年代別の健康素材商品に対する関心×理解×行動（凡例）

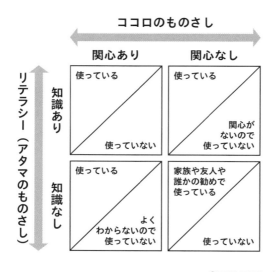

©2015 西根英一 | Eiichi Nishine

図14-2：性別・年代別の
健康素材商品に対する
関心×理解×行動（女性）

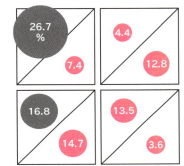

女性

健康を表示する食品を利用しているのは、関心があって知識もある女性（全世代共通）、ないし関心が高いだけの知識を持たない一部の女性。

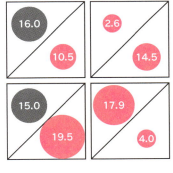

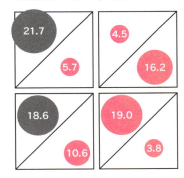

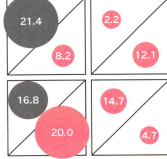

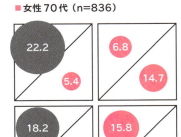

©2015 EBN推進委員会（調査主体：2013年11月 アミノアップ化学）

図14-3：性別・年代別の
　　　　健康素材商品に対する
　　　　関心×理解×行動（男性）

男 性

関心もなければ知識もないのに勧められるままに利用している。

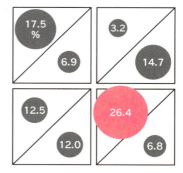

■男性50代（n=986）

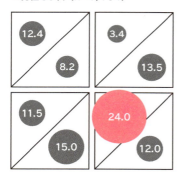

■男性30代（n=1,104）

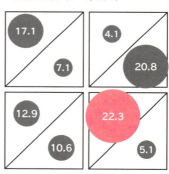

■男性60代（n=1,081）

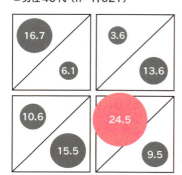

■男性40代（n=1,021）

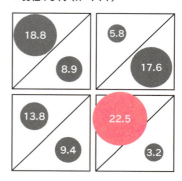

■男性70代（n=711）

©2015 EBN推進委員会（調査主体：2013年11月 アミノアップ化学）

ここから得られた知見は、==健康食品の消費力は女性が上位という事実==。思い起こせば、「健康にいいから食べなさい」って、実家暮らしのとき、母が僕によく言っていた。いまでは、妻が僕に同じことを言う。正直、もう慣れたが、関心もなければ知識もないのに、勧められるままに口にしている（もちろん、僕への愛情がたっぷりこもっていると信じているからであり、僕がその場の空気をとっても大切にしているからなのだけど）。

　そこで浮き彫りになったのが、健康を表示する食品を利用しているのは、関心があって知識もある女性（全世代共通）、ないし関心が高いだけの知識を持たない一部の女性であるということ。そして、男性はというと、関心もなければ知識もないのに勧められるままに利用しているということ（全世代共通）。

この結果から見えてくるのは、健康食品は女性にターゲティングしてプロモーションすれば売れるという事実。もう一つは、知識がないままに、あるいは関心すらないのに、健康食品を口にしているという事実、もしくは、健康を訴求する不確かな食品を口にしてしまっているという可能性。健康食品の担い手となる専門職（管理栄養士、保健師、薬剤師）の役割と責任を話し合う機会があれば、ぜひ問題提起の一つにしていただきたい。「"〈食〉そのものでなく情報が消費されているという事実"に食の専門職はどう応えるべきか」を。
"食を消費する"とは、どういうことなのだろう？　僕たちは、生産者や製造者が、あるいはシェフやパティシエがつくったモノを食べる。いわば、食欲に応える、食べ物の消費。
　もう一つ、"食を消費する"には別の見方がある。「フードファディズム」という言葉をご存知だろうか？　健康への関心が高い消費者が、ある特定の食材・素材・成分などの長所ないし短所に過敏に反応して、飲食料品が健康に与える影響を過大にとらえる傾向を指す。安全、安心は誰もが気にする食の基軸であり、程度の差こそあれ、食欲以上

に、情報欲が勝るケースがある。こちらは、いわば、食の情報消費と言えるだろう。とりわけ情報がおもしろおかしく描かれればなおさらのこと、SNSの世の中にとっては、味以上に"おいしい話"。あっという間に、世の中の話題をさらう。

　こうなると、食の専門職であり資格者でもある管理栄養士、保健師らが発信する正しい情報も、消費者のフードファディズムのフィルターによって正しく理解されない可能性が高い。先の調査結果を踏まえれば、このリスクにさらされるのは、知識がないままに関心（話題性）だけで特定の食品だけを買い続ける主婦や、知識も関心すらないのに言われるままにそれを口にし続ける夫。そんな家族像が見えてくる。

　いまや誰だって情報の発信者になれる時代である。食の健康の、その中心的な役割と責任を担う専門職は、いままで以上に消費者の"食の情報消費"に正しく応える、正しい情報収集と提供が求められている。ここで決してあってはならないのは、専門職がこのフードファディズムの煽動者となってしまうことだ。

4.1 制御焦点理論
　～ネガティブな結果とポジティブな結果、
　どちらに敏感？

「制御焦点理論」がヘルスケアビジネスに役立つ！　と気づいたのは、2011年のこと。

　制御焦点理論（1997年、Higgins）は、簡単に言うと次のような概念によって、消費者行動学とともに発展してきた学問である。
"消費者行動とは、「目標指向的」である。そのために「目標状態」の解明が必要であり、この目標状態に対する「焦点（focus）」の違いが消費者行動を制御する"

　こんなふうに、制御焦点理論の原論は、こむずかしい言葉の羅列にすぎない。でもちょっと、こう考えてみよう。"同じ行動"をとるにしても、目標の指向が「病気を避けたいから」が理由のA君と、「健康になりたいから」が理由のB君がいる。あるいは、こんなケース。"同じ人間"なのに、目標の状態が変わるとこんな変化が見られることも。診察室では「病気に立ち向かう患者」だったはずが、病院を一歩出た瞬間から「生活を楽しみたい消費者」になったりとか。

これは、イケる！と直感的に思った。制御焦点理論は、ヘルスケアの消費者行動を説明するのに大いに役立つ。だから、ヘルスケアビジネスの成長とヘルスコミュニケーションの発展に、かなりいいセンで貢献するだろう！と。まずは、制御焦点理論がいうところの「消費者行動」を、「医療消費者行動」と置き換えてみよう。医療消費者行動には、患者の「治療行動」、疾患予備軍（リスクを抱える未病者。未病者とは、そのまま放置しておけば、いずれ発病する可能性の高い人のことを指す）の「予防行動（保健行動）」、普通に健康に生活している人の「健康行動」、一般の生活者全般の「美容行動」の大きく4つがあげられる。

　すると、それぞれの医療消費者行動の「目標状態」（治療する、予防する、健康を維持増進する、美容を維持追求する）にも、「焦点（focus）」の違いがあることに気づく。

　つまり、○○という医療消費者行動をとる場合の目標指向について、「××したくない／されたくないから○○する」というネガティブな結果に敏感に反応する場合（これを予防焦点＝prevention focusと呼ぶ）と、「●●したいから／されたいから○○する」というポジティブな結果に敏感に反応する場合（促進焦点＝promotion focus）という存在である。前者は「病気になりたくないから運動する」

図15：制御焦点と医療消費者行動

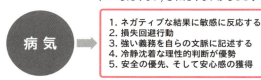

©2015 西根英一 | Eiichi Nishine

（損失回避行動）、後者は「健康になりたいから運動する」（利得接近行動）というように、同じ運動するにしても、焦点のベクトルの向きの大きな違いとなって表れ、前者の予防焦点の場合はその実現に向けて、強い「義務」を自らの文脈に記述することになるし、後者の促進焦点の場合はその実現に向けて、強い「理想」を記述することになる。（図15）

この「××したくない／されたくないから○○する」という予防焦点（損失回避行動）と、「●●したいから／されたいから○○する」という促進焦点（利得接近行動）を、美をテーマとした実例でみてみよう。

　まずは、「タバコを吸うと肌が荒れる」という女性向けの禁煙プロモーション。これは、予防焦点の行動喚起の典型例。「ネガティブな結果（＝肌が荒れる）」に敏感に反応して、「損失回避行動としての禁煙！」に冷静な判断を下す、美容至上主義の女性を禁煙行動に導く。

　もうひとつ、「SEXでキレイになる！」という女性誌『anan』の特集は、促進焦点の行動喚起の典型例。「ポジティブで理想的な結果（＝キレイになりたい）」に敏感に反応して、「利得接近行動としてのSEX！」に興奮的共感をもって、キレイになりたい女性をセクシュアルな妄想世界に誘う。結果的に、この手の特集号は販売部数が増加する。『anan』は定期的にこの特集を取り上げ、ヘルスプロモーションという形で社会貢献（？）している。

一方で、ヘルスケア商品には、商品名（ブランドネーム）が促進焦点なのに、商品コンセプトが予防焦点というチグハグな関係にあったり、あるいはその逆の、商品名が予防焦点なのに、商品コンセプトが促進焦点というケースがある。たとえば、睡眠を促すドリンク剤があるとする。商品名は「ヨクネムレール」（仮）、商品コンセプトは「寝つきが悪い、眠りが浅いときに、ヨクネムレール」。

　いざ消費行動をとろうというときに、消費者は戸惑うわけだ。「アレ？　僕の気持ちは、いったいどっちだ？」。つまり、いざ購入というときに、選好が揺れる。でも、商品名と商品コンセプトの制御焦点が一致していると、消費者への説得力が高まり、消費行動はより強く出る。商品名が「ヨクネムレール」なら、商品コンセプトは「良い寝つきに、深い眠りに、ヨクネムレール」でないと、消費者は合点がいかないのだ。

　ちなみに、商品名が促進焦点（利得接近行動）の代表例として、

・医療用品…睡眠改善薬「ドリエル」（≒ dream well、よく眠る）、栄養ドリンク「リゲイン」（≒ Re・gain、再び元気を取り戻す）

- 美容用品…歯磨き粉「クリアクリーン」（≒ Clear & Clean）、育毛剤「リアップ」（≒ Re・up、再び髪の毛がピンと立つ）
- 飲 料 品…「爽健美茶」（≒爽快健康美容茶）、「ヘルシア」（≒ヘルシーのアシスト）

などがあり、

商品名が予防焦点（損失回避行動）の代表例として、

- 医療用品…胃腸薬「ガストール」（≒胃のなかで膨れているガスを取る）、冷却用品「熱さまシート」（≒高い熱を冷ます）
- 美容用品…口臭予防剤「マウスウォッシュ」（≒汚れている口を洗ってくれる）や「ブレスケア」（≒におっている息をキレイにしてくれる）
- 飲 料 品…「眠眠打破」（≒危険な眠気をなくしてくれる）、「カゴメ野菜一日これ一本」（≒足りない野菜摂取量を解決してくれる）
- 食　品 …「におわなっとう」（≒あのいやなニオイがしない）、「カロリーメイト」（≒カロリーの不足を補って解決してくれる）

などがある。

では実際、消費行動を選好するとき、はたして人は、ネガティブな結果とポジティブな結果のどちらに敏感に反応するのだろうか。

まずは、健康テーマごとの市場において、消費者はどちらの選好が高いかを調査しておくと、商品名の命名や、商品コンセプトの開発に役立つはずだ。さらに、消費者の目標状態を精緻化して、以下の先行事例研究より得られた知見から広告表現（広告のビジュアルやコピー）を練り込めば、広告の説得力はより一層増すことになる。

ちなみにこんな研究結果が出ている。

【文化的背景】アメリカ文化を先入的に記憶化している人は、促進焦点の商品になびくのに対し、アジア文化を記憶化している人は、予防焦点の商品への選好が高い。（2005年、Chen, Ng, and Rao）

【心理的状態】快活な感情を有しているときは、促進焦点型の訴求が有効なのに対し、平穏な感情にあるときは、予防焦点型の訴求が有効である。（2005年、Bosmans and Baumgartner）

【時間的距離】購入までに時間があるときには、ポジティブな結果がもたらす喜びを予測し、促進焦点型の訴求を高く評価するのに対し、購入までに時間がないときは、ネガティブな結果に陥ったときの痛みを予想し、予防焦点型の訴求を受け容れる。(2008年、Mogilner, Aaker, and Pennington)

「マリッジブルー」は、この時間的距離にみられる現象を言い表している。結婚願望について考えてみることにしよう。結婚という夢のゴールまでの時間的距離が遠いとき、手段や方法はどうであれ、人は「婚活」に励み、結婚に幸せを思い描いて、夢をみる。「結婚して得したい！」と願いながら。やがて「婚約」と相成り、結婚という到達点までの時間的距離が近くなってくると、程度の差こそあれ、人は往々にして「マリッジブルー」を経験する。ちっちゃいところが気になって、本質を見つめ直したくなる。「結婚して損したくない！」と案じながら、「この人と本当に結婚していいの？」と。

「占い」もそうだ。来年の運勢は？なんていう場合は、いいことがたくさん書いてある方が喜ばれる。でも、今日の運勢は？という場合は、「○○なことに気をつけて！　では、今日も元気にいってらっしゃい」と簡潔に言われた方が素直に受け容れられたりする。売れっ子占い師なら、きっとこれくらいのことはわかって商売しているはずだ。

　医療に置き換えてみよう。医者から長い目で見た治療計画を提示されると、「そうですね。がんばってみたいと思います！」と答えてしまうのに、医者から数日後にはじめる治療法を提示されると、「これが私にとって最適な治療なのでしょうか？」と疑ってみる。

　果たして、医者は患者に対して突然、理由も根拠もない治療法を提示したのだろうか。それはちがう。医者は、最初から長い目で、治療の最終ゴール（医療の世界では「エンドポイント」と呼ぶ）を設定してから途中途中の治療法を最適化していく。でも、患者ときたら、近くになってからしか気に留めないので問題が生じやすくなる。

さらに他にも、商品の「選好」について制御焦点理論は説明する（2006年 Jain, Agrawal, and Maheswaran、2007年 Grant and Xie）。促進焦点にある消費者は「変化を選好」し、「優れている」という表現に説得され、新ブランドの採用率・所有率が高い（2007年、Herzenstein, Posavac, and Brakus）。一方、予防焦点にある消費者は「維持を選好」し、「同一である」という言葉に納得し、類似性ブランドの拡張を評価する（2006年 Yeo and Park）。（図16）

図16：ブランド拡張における変化と維持の消費者選好

たとえば、お客さんの購入時の焦点の違いにより、同じ商品やサービスの紹介でも、店員さんのセールストークが異なることが望ましい。お客さんの気になるのが、「前とココが違う新しさ」なのか、「前とココが同じ安心感」なのかという、まずお客さんの声を傾聴することの大切さが指摘される。

治療行動では、どうだろう？　たとえば、作用機序が違う新薬にさらなる効き目を期待する（変化を選好する）か、慣れ親しんだ従来薬の効果に安心するか（維持を選好する）の違いだ。制御焦点理論では、意思決定に際し、促進焦点にあるときと予防焦点にあるときとでは行動選好が異なると説明している。つまり、いつもどんな人も新しいことを歓迎するわけではない。病気を早く治したいと願う気持ちは、医者にも患者にも共通してあるだろう。しかし、薬を処方する医者も、薬を服用する患者も、いつも新しさを待ち焦がれているわけではないのだ。ときに予防焦点の方に大きく針が振れる。「ジェネリック医薬品」（後発薬。有効性や安全性が同等・同一と認められた低価格な薬）の台頭は、単に政策的な社会環境によってでなく、「同一である」という言葉に納得し、類似性ブランドの拡張を評価する予防焦点の市場が実はとても大きかったことを証明している。

　以上、ヘルスケアに適用された制御焦点理論は、患者の「治療行動」、疾患予備軍（リスクを抱える未病者）の「予防行動（保健行動）」、普通に健康に生活している人の「健康行動」、一般の生活者全般の「美容行動」を、いずれも目標状態の異なる「消費者行動」と定めることで、これらに対

する焦点の違い（予防焦点、促進焦点）が消費者行動を制御していると説く。

事例）「睡眠健康」ビジネスにみる制御焦点理論の活用の仕方

　ここで、「睡眠」を例に、制御焦点理論の設定からビジネス展開までの手順を教授する。ヘルスケアビジネスを創造するナレッジの一つとして、ぜひ身につけていただきたい。

1）まず、与えられた「健康テーマ」について、予防焦点と促進焦点の存在を考えてみる。
　　⇒睡眠には、「よく眠れない不眠症状」を回避したいとする予防焦点と、「より良い眠り」を希求したいという促進焦点があることがわかる。

2）次に、予防焦点と促進焦点を支える概念（ないし定義）を創造し、この概念を市場として育てる。
　　⇒睡眠健康に対して、まず、予防焦点（prevention focus）的な睡眠を考えてみよう。否定的結果に敏感となる制御傾向（「損失回避」志向モード）において、不眠放置がもたらす損失を回避するためのアプロー

チとして、「かくれ不眠」を概念として創造し、定義化する。(→「かくれ不眠」とは、医療機関で治療を必要とする「不眠症」と、単なる「寝不足」との間にある、改善すべき状態を表す概念 →「かくれ不眠」市場)

もうひとつ、促進焦点(promotion focus)的な睡眠を考えてみよう。肯定的結果に敏感となる制御傾向(「利得接近」志向モード)において、日常生活の向上のために「快眠」を概念として創造し、定義化する。(→「快眠」とは、すうっと入眠、ぐっすり熟眠、すっきり目覚めなど、良い眠りの状態を総称する概念 →「快眠」市場)

概念を定義化する場合、複数の専門家からなる第三者機関が定めるものとして、社会的価値を備えるものとなればなおよい。

3) ここまできてやっと、その「健康テーマ」の市場育成と同時に、予防焦点と促進焦点のどちらに合わせて商材(商品やサービス)を開発するかを定める。このとき、商品名や商品コンセプト、広告表現に、選好のズレが生じないよう注意しよう。

アイデアだけで勝負しようとする企業は、最初に売るものを決めて、イケてる名前をつけて、さっさと売り出したりするが、これだと実はそこには、ヘルスケアビジネスでとても有効に機能するはずの制御焦点理論のかけらも存在していない。売れもしないものを市場に出すことほど、時間のムダづかい、お金のムダづかいは、ない。マーケティング発想あってのアイデアで臨もう！

4.2 関連性理論
〜あきらかでわかりやすいと結びつく！

　そしてもう一つ。ヘルスケアビジネスをはじめるあなたに、マーケティング発想を応援する「関連性理論」についてわかりやすく紹介しよう。

　外国人に聞いてみた。「日本と聞いて、連想することばは何ですか？」
「SUSHI!」「TEMPURA!!」「KABUKI!!!」「FUJIYAMA!!!!」、外国人にとっての、日本のアイコン的なことばが並ぶ。いずれも端的でわかりやすい。研ぎ澄まされたことばからは、姿かたち、あるいは風味を直感的にイメージしやすく、ニッポン凝縮エキスたっぷりだ。たとえメッセージの送り手と受け手に共有する体験がなくとも、推察・推測によって共通の理解が成り立つ。「OH! ニッポン、フジヤマ〜」。もちろん、日本をより深く認知・理解してもらうには、これだけでは足りないことは誰にでもわかる。しかし、関連性理論の原理は、「伝えるでなく、伝わる」なのだ。意図していることの共通理解の効率を重んじている。

　物事のわかりやすさ、伝わりやすさを追究するのが関連性理論（1996年、Sperber and Wilson）である。もともと

は言語学の語用論として発展してきたが、最近ではマーケティングコミュニケーションの分野、特に広告表現の研究分野で広く貢献している。説得力があるコピー開発、あるいは短く表現される広告のことばの説得力の効果検証にまで及んでいる。

　関連性理論は、「関連性（伝わりやすさ）」＝「認知効果を上げる↗（イメージしやすい絵面）」＋「処理労力を下げる↘（わかりやすい文脈）」を説いて示す。

　この関連性理論を作為的に用いることが、マーケティング発想となる。

　2011年の東日本大震災以降は、防災のことばについて、何をもって避難誘導が効果的かを研究する分野にも活用されている。たとえば、緊急事態の緊迫度について、気象庁が発表する気象情報（雨量や風速）や地震情報（マグニチュード）・津波情報（波の高さ）では、人は緊急度を認知し難い。そこで最近は、「これまでに経験したことのないような」大雨というような表現が用いられるようになり、推察・推測によって聞き手に警戒を予期させる（＝意図が伝わる）ようになった。「それなら備えなきゃ！」という具合に。

ご存知のとおり、「伝える」と「伝わる」はちがう。発信者の意図に沿って、受信者の説得に成功してこそ、はじめて「伝わる」。

　僕らは普段、意外とこの関連性理論を駆使して会話している。ことばを省いて意図を伝え、説得する。たとえばこんな誘い文句、「飲みにいかない？」。

　相手は、「何かあるんだろうな」と察しがつく。決して飲むことが目的なのではない。たとえば、僕の場合、オトコと飲みにいくときは、話したいから飲みに行こうぜ！なんだけど、オンナと飲みにいくときは、話聞いてやるから飲みに行こうぜ！なのである。たいてい、誘われる相手も僕の意図を理解したうえで付き合ってくれる。で、ひとり飲みはというと、話したくないし聞きたくもないし。でも、これも決して飲むことが目的なのではない。自分と会話する時間をとりたい……が意図するところである。

　恋愛だって、ビジネスだって、「関連性理論」使いのツワモノが勝利する。なかなか突っ込んで話をしにくいヘルスケア領域の話題は、恋の駆け引きと同じで、まさしく関連性理論を発揮すべき分野なのである。

　つまり、最も感じやすい刺激で、最初に相手にイメージをふくらませてもらい、それから、わかりやすい文脈で伝

える。相手はどんなことがこれから起こるかを推測できるので（認知効果 ↗）、あとはわかりやすい文脈で（処理労力 ↘）、自分が意図する方向へ相手を誘導すればいい。すると、関連性理論に基づいた両者の共通理解が成り立つ。

事例）「口腔衛生」ビジネスにみる関連性理論の活用の仕方

ここで、「歯周病」を例に、関連性理論の設定からビジネス展開までの手順を示す。

1）まず、与えられた「健康テーマ」について、自分が意図すること（相手に伝えたいこと）を設定する。
　➡歯周病は、口の中の細菌感染症である。でも、相手に「君の口は細菌でいっぱい！」とは言いづらい。歯周病ビジネスに携わる自分が意図すること（相手に伝えたいこと）は、「抗菌力のある歯磨き粉を選んでね！」である。

2）次に、最も感じやすい刺激を創造し、相手にイメージ（想像）してもらう。［認知効果 ↗］
　➡細「菌」感染症、抗「菌」力をイメージしてもらうには、

「菌」が刺激となる話題を創造し、イメージをふくらませてもらうとよい。たとえば、"ヨーグルトには、腸内の善玉菌の働きを強めて、悪玉菌の働きを弱める作用がある"という絵面はイメージしやすいはずだ。

3）ここまできてから、自分の意図をわかりやすい文脈で伝える。［処理労力↘］
　➡口内にも善玉菌と悪玉菌が絶えずいるから、日ごろから注意しないとね！　このとき、「どう注意すればいいの？」という返答を得ることができたら、相手に伝わった！　を意味している。実物の歯磨き粉を手に取り、渡してあげればいい。決して、「君の口は細菌でいっぱい！」って、言ったらダメよ。

正しい情報だけでは、伝えたいことは伝わらない。伝わるためには、「わたしの創造力」で「あなたの想像力」をふくらませるアイデアが必要なことに気づいただろう。情報伝達だけでなく、マーケティング発想あってのコミュニケーションで臨もう！

第1部のまとめ
ヘルスケアビジネスを成功に導くチェックリスト ナレッジ篇

- [ ] ヘルスケアとは、治療・予防・健康・美容の領域である

- [ ] 健康は、カラダとココロとキズナでできている

- [ ] 健康は、不確実な利益である。だから、ヘルスケアビジネスで確実性を高めてあげる

- [ ] 健康行動は、誰のために？ 何のために？ という目的化が難しい

- [ ] 健康に気づくきっかけ(タッチポイント)は、「時」×「場」である

- [ ] 激励訴求のアプローチには、感情介入か情報支援のいずれかがある

- [ ] 行動は、後ろ向きで損失を回避(予防焦点)か、前向きに利得に接近(促進焦点)のどちらかに向く

- [ ] 情報は、イメージしやすくて(認知効果↗)、わかりやすい(処理労力↘)と伝わる

MARKETING

第 2 部
ヘルスケアビジネスの マーケティング戦略篇

第2部では、ヘルスケアビジネスを成功に導くための《モノ・コト・ハコ・ヒト》の設計図のつくり方について紹介する。ヘルスケア領域の、いわゆるマーケティングコミュニケーションのうち、前半の「マーケティング」（戦略策定／マーケティングストラテジー）に相当する。つづく第3部で、後半の「コミュニケーション」（戦術企画／コミュニケーションタクティクス）について解説する。

　モノ・コト・ハコ・ヒトについては、次のように展開する。（図17）

図17：ヘルスケアビジネスに求められる4つの設計図

©2015 西根英一｜Eiichi Nishine

- 《モノ》ブランド（商品・サービス・施設などの商材）の設計図
  医学研究等のエビデンス（科学的根拠）に指示される機能的ブランド「知覚品質」の構築と、消費者のインサイトに支持される情緒的ブランド「感覚品質」の形成、この両者のバランスの検証が、ブランディングを決定づける。
- 《コト》イシュー（世論・世相など世の中の課題）の設計図
  厚生労働省や経済産業省、消費者庁ほか、関係団体（学会や協会）が推し進める事業をもとにマイニング（網羅的にまとめて「すべき」課題を探り当てること）、して世の中に予防焦点（prevention focus）を生成し、損失回避モードを醸成する。
- 《ハコ》マーケット（市場）の設計図
  イシュー《コト》の受け皿になると同時に、ヘルスケアビジネスの商材《モノ》が迎え入れられる促進焦点（promotion focus）の場を開発し、利得接近モードのマーケットを創発する。
- 《ヒト》ターゲット（顧客）の設計図
  目標行動に対する行動変容ステージ（無関心期・関心期・準備期・行動期・維持期）の人口学的ポピュレーション

と属性を量的アンケート調査により見極め、さらに行動変容ステージがステップアップするごとに生じる行動の制御因子(リテラシーとインサイト)を質的インタビュー調査により分析し、それらの結果に基づいてターゲットを優先順位化していく。

5.1 モノの設計図 〜ブランディングとは？

ブランドとは何だろう？　こう尋ねると、「企業や商品のロゴマーク」とか、「有名であること」とか、「もっている価値」とか、さまざまな回答が返ってくる。きっと、どの答えも間違っていないし、正しい。

ここでは、ビジネスとしてブランドを考えるにあたり、ブランドを「商材」と規定することにする。何をもって商いをするか、お金に変えるかであり、それが商品であったり、提供するサービスであったり、空間として提供される施設であったり。タレントだったら、人そのものが商材ということになる。ドラマか何かで聞いたことがあるような「うちの商品に手をつけてもらっては困るな」とドスのきいた声で怖いお兄さんが話すキメ台詞も、その店の女の子（人）をもって商いをしているからである。

それにingがついたブランディングについては、「商材づくり」と定義する。ブランドを磨いて、価値を高める作業だ。
　ところで、ブランド選びってどういうことなんだろうか。何を基準に選ぶんだろう？
　僕の好きなワインの話で、これを説明しよう。ワインのラベルには、どこの産地の、どういうブドウの品種を使った、何年に醸造したといった「説明」が書かれている。残念ながら、僕にはこれを解釈する知識がない。だから、ラベルのデザインが気に入ったとか、ボトルの形状が珍しいからとかで、ふだんは選んでいる。
　でも、ワインに詳しいソムリエがいるようなワインバーに行くと、ソムリエは、土地の風土やその年の天候や造り手のこだわりなんかを上手に話してくれる。そうなると、その物語をもったワインの味を知りたくなる。そして、一口含み、「確かにそうですね！」なんて応えちゃったりする。で、結局覚えているのは品種や醸造年といった「説明」ではなく、ソムリエの「語り」のほうだったりする。
　モノを選ぶ（ブランド指名する）とき、2つの制御因子がある。その一つが「エビデンス」。エビデンスとは、ワインのラベルに書かれている「説明」みたいなもの。これを、

広告の世界では、その商品がもつ「知覚品質」と呼んだりする。事実にもとづいた機能的な情報から成る価値（functional/rational benefits）を指す。

もう一つが「ナラティブ」。ナラティブという言葉はナレーションという言葉と同じ語源をもち、ソムリエが話してくれる「語り」は、これに当たる。広告の世界では、「感覚品質」と呼び、情緒的な情報によって得られる価値（emotional benefits）を示す。

　実は、広告って、商品の「知覚品質」と「感覚品質」をうまく表現することで出来上がっている。このあんばいがうまくいくと、大ヒット商品が生まれたりするのだ。

　あなたの身の回りの気になるヒット商品の広告を見れば一目瞭然。どちらか一方に偏るでもなく、知覚品質・感覚品質ともいいあんばいで広告メッセージが書かれているはずだ。

　もうお気づきだろう。「説明」することに真剣になっていたら商品は売れないけど、「語り」はじめたら売れはじめた、なんてことを。そう、モノを選ぶという場面では、"ブランドを説明する"だけでなく、"ブランドを語る"ことが重要なのである。僕たちは、ブランドについて語られてこそ、そのブランドを好んで選んでいる。

とかく人は、説明したがる。パーソナルブランディングにしてもそうだ。私はこんな役職にあり、こんな資格をもっていて、こんな大学出身で、先輩にはこんな人たちがいて、こんなサークル活動をしていましたと、履歴書をギッシリ埋めるがごとく説明ばかりを並べて、自分ブランドを説明書きの量で勝負したがる。あるいは、こんな人もいる。内面の自己啓発セミナーにドップリはまったり、外見の装いを良くすることに専念したり……。いずれも、なんか、とてもアンバランスなのだ。

結論。ブランドとは知覚品質と感覚品質の和であり、「知覚品質」は functional/rational benefits（正しいもの）を担保に機能的ブランドを構築して"信用"を導き、「感覚品質」は emotional benefits（いいもの）を基盤に情緒的ブランドを構成して"記憶"を留め、この両者のバランス（和）によって"物語"をつくることをブランディングと呼ぶ。（図18）

いくつかの例で、これがデキてるブランドの知覚品質と感覚品質を見てみよう。

図18：モノの設計図

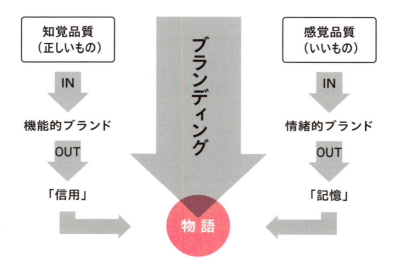

　まずは、ティファニー。知覚品質としては、高価なジュエリーを扱い、その品質が担保されているということ。十分な信頼をもつブランドだ。もう一つの感覚品質は、ティファニーのブルーボックス。あの箱を差し出された瞬間、それを受け取る者は、心ときめく。記憶のブランドだ。こ

れら二つの知覚品質と感覚品質の和が、ティファニーのブランド力「ティファニー物語」を支えている。もし、このブルーボックスがなければ、このブランドはティファニーであるかどうかわからない。「○○宝石店」「××貴金属店」だっていいはずだ。ジュエリーを前にしても、心のときめき方が違うかもしれない。

　つぎに、東京ディズニーランド。知覚品質は、遊園地。どこから見ても、機能的には遊園地だ。一方の情緒的な側面である感覚品質は、夢と魔法の王国。園を出てからも、魔法にかかったままのカップルや家族がＪＲ京葉線にあふれている。東京ディズニーリゾートが入場者数トップの座を譲らない理由は、遊園地としての機能を高めているだけでなく、魔法を磨き、感覚品質を高め、それを維持することに、一切の妥協なく努めているからだ。ティファニー同様、感覚品質なくして「ディズニー物語」は成立しない。（図19）

図19：東京ディズニーランドの知覚品質＋感覚品質

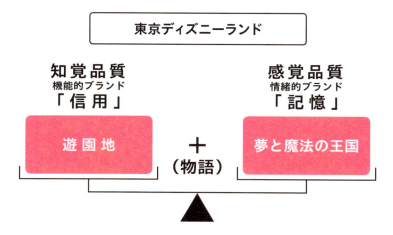

　最後に、指原莉乃。彼女の知覚品質は、アキバ系アイドル。感覚品質は、へたれキャラ。彼女のキャラ立ちがあってこその、指原莉乃の「逆転物語」である。AKB総選挙で第一位、翌年第二位のブランド力は、他のメンバーの人気力とは異なる。へたれキャラ無くして、サッシーなし。

5.2 ヘルスケアビジネスのブランディング

　さて、ヘルスケアビジネスにおいて、モノが「商材」である前の姿は、どんな形をしているのだろうか。モノの成り立ちを見てみよう。
「商材」の前身は、医学研究等によって得られた「素材」（エビデンスという科学的発見や集積されたデータ）であり〔第1段階〕、それを応用する工学技術によって「製材」（製品・システム・設備）となり〔第2段階〕、マーケティングコミュニケーション的手法によって「商材」化、つまり「製品」は「商品」へ、「システム」は「サービス」へ、「設備」は「施設」へと再生される〔第3段階〕。このように、マーケティングの分野では、この「商材」化の過程をブランディングの領域と位置づけている。（図20）

　先の項で、ブランディングとは知覚品質と感覚品質の和による物語と説明した。

　では、ヘルスケア商材（商品、サービス、施設）の場合はどうだろう。これを図示すると、こうなる。（図21）

図20：ヘルスケアビジネスにおけるモノの成り立ち

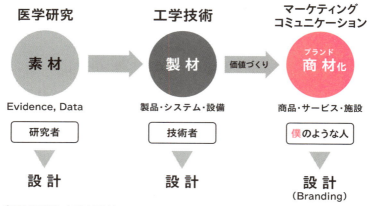

©2015 西根英一 | Eiichi Nishine

　ヘルスケアビジネスで留意すべきは、知覚品質を成す素材（エビデンスやデータ）に加担し、それを最大級の《正しいもの》として伝えることに専念するあまり、消費者によって《いいもの》として再生される副次的産物（二次効用）に対する注力は弱い、ないしは皆無で、感覚品質のつくり込みがおろそかになることである。よって、知覚品質・優位、感覚品質・劣位のアンバランスを招き、ブランドの「物語」化を難しくしている商材が数多く存在している。

図21：ヘルスケア商材の知覚品質＋感覚品質

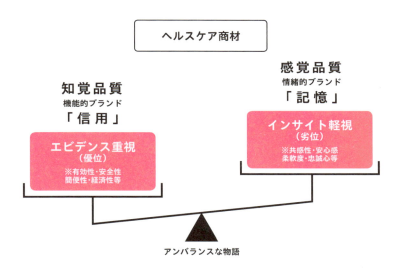

©2015 西根英一 | Eiichi Nishine

　既存ブランドのリ・ブランディング（ブランドの再生、再構築）についても同様である。ヘルスケアビジネスでは、効能追加やバージョンアップといった機能的な情報が変更される時機に合わせてリ・ブランディングされ、情緒的介入によるリ・ブランディングを試みることをおそらく忘却しているため、研究開発費をかけない限り知覚品質は更新されず、その商材は短命に終わる。たとえ知覚品質（商品

そのものの機能）は変わらずとも、マーケティング費やコミュニケーション費を活用して感覚品質をチェンジするリ・ブランディングが図れれば、ブランドの"物語"をつくる、ないし変えることができ、新たなビジネスチャンスが生まれる可能性がある。業界はヘルスケアではないが、サントリー角瓶の「ハイボール」に導入されたマーケティングとコミュニケーションは、その成功例である。角瓶自体の商品は何も変わっていない。変わったのは、飲み方を提案し、「角ハイ」（サントリー角瓶のハイボール）を最も楽しく、可愛く、美味しく魅せた物語である。

既存ブランドでありながら、のちに新たなエビデンスが発見された場合であれば、そのエビデンスに裏打ちされた効能や機能を「情報」として謳うだけでなく、ブランドの「物語」の素材として演出することに注目し、早いうちから「物語」化の方に時間とお金をかける努力をしていただきたい。「情報」には期限切れがあるが、「物語」には期限切れがない。物語をもつことは、ブランドの長生きの秘訣である。

また、成熟した既存市場に２番手、３番手の後発ながら新製品を投入して、先発品からのブランドチェンジを企図するときも、「先発品に比べて機能が勝る」「先発品よりエビデンスに優る」といった機能的な情報を並べて価値を高

らかに謳っても、先発品がこれまでに貯め込んだ市場露出の情報量に勝つことは到底困難である。ブランドチェンジにおいても、「情報量」に勝るのでなく、「物語力」に勝ることが重要である。その意味において、上市後（市場に新製品を投入した後）は感覚品質を研ぎ澄ますためのマーケティング戦略、コミュニケーション戦術を用意周到にきちんと準備しなくてはならない。どの業界を見ても、先発メーカーを食った後発メーカーは、この「物語」に特化している。決して「商品」勝ちなんてしていない。

確かに、ヘルスケアビジネスの工程にあたり、エビデンス（科学的根拠）は情報素材として有効である。しかしながら、知覚品質を支えるエビデンスがどんなに正しい素材であっても、そのままでは受け入れられない人たちがたくさんいる。エビデンスは客観的で、その利用は再現性に富むものの、もともとは他者が有していた情報資産に過ぎない。その情報を受け取る生活者ないし患者たる医療消費者は、自身の経験による経験則や思い込み（belief system：潜在意識下に刷り込まれた信念体系）、その他さまざまな交絡因子（confounding factor）を理由に、エビデンスを簡単には受け容れようとしない。エビデンスが受け取り側の好み（インサイト）に合った情報として「翻訳」され、医療

==専門職にとっての《正しいもの》が医療消費者にとっての《いいもの》に「変換」されているかが重要である。==

　いいものかどうかを見極めたい医療消費者は、ある健康行動を起こそうか起こすまいかの意思決定に際して、**インセンティブ（利益、純便益）**か**ディスインセンティブ（不利益、負担）**かをつねに考えている。当事者にとって、利益や純便益が大きく期待されなければ、つまり《いいもの》として歓迎されるものでなければ、エビデンスの《正しいもの》の素材価値なんてどうだっていいものなのだ。ここに、いわゆる**エビデンス−プラクティス・ギャップ（理論と実践の乖離）**と呼ばれる現象が起こる。

　エビデンス−プラクティス・ギャップは日常生活の周りでも起こっている。僕の経験談をヒントに考えてみよう。

　さあ、今日はとても大切な友だちをお招きし、料理でもてなす日。絶好のタイミングで、知り合いから北海道サロマ湖産の生ガキが届いた。ツテがないとなかなか手に入らない素材だ。ということで、今日はカキパーティーとなった。

　出回っている代物じゃないし、ぜひ生で食べてもらいたい！というのが、素材の良さを知っている僕の切なる思い。だから、貝を開いてプリプリのカキをそのまま食卓に

並べた。

　さて、ここで問題がひとつ。カキには、生ガキ、カキフライ、カキ鍋、カキ飯……なる料理方法がある。「カキといったら生ガキでしょ。だって、素材がもったいない！」という僕がいる一方で、「カキといったらフライでしょ。タルタルソースがたまらない！」という人や、「カキの土手鍋こそが日本の味！」という人もいる。カキは好きでも、「生」は食べないという人もいるのである。「私の前に、素材そのまま置かないで」

　そうなのだ。僕の中では正真正銘の"正しい素材"。でも、そのまま食卓に出したら、「そのままじゃ、いや」と、手をつけない人がいた。

　これを医療の世界に置き換えてみよう。エビデンスという"正しい情報素材"が一流学術誌で紹介された。そのまま示さないと意味がないと、論文を突きつけても、「生」には決して手をつけないという人が必ずいる。"正しいこと"を知りたくて、その良さを享受したくて仕方がないにもかかわらず。

　素材そのものは同じ。でも、料理の仕方は、食べてくれる人の好みに合わせるのが基本。だったら、情報素材も同じ。どんなに見事な情報素材であったとしても、受け取り

側の好みを知らなきゃ届かない。情報にも料理が必要だ。素材を選ぶ ⇒ 下ごしらえをする ⇒ 調理する ⇒ 味付けする ⇒ 器を選ぶ、というように相手の好みに合わせて素材を料理する工夫が必要だ。多くの場合、患者は、情報に繊細な包丁さばきが入って、丁寧に料理してもらわないと食べられないのだから。

患者脳は《いいもの》を追求する、医者脳は《正しいもの》を追究する。きっと、これは永遠に変えることが不可能だ。

かように、医療専門職は科学的根拠に基づいた《正しいもの》を基本に物事をとらえる傾向がある一方、医療消費者は経験則や信念による《いいもの》で物事をとらえようとする。ゆえに、ヘルスケアの商材（商品・サービス・施設）のブランドの受け取り方において、医療専門職・医療消費者の両者の間には、理解の仕方とその後の行動の取り方に大きな溝が生じやすい。（図22）

たとえば、医薬品のブランドの受け取り方を例に考えると、医療専門職（医者）は医薬品のもつエビデンスを正しく理解しようと努めるが、医療消費者（患者）は医薬品のもつエビデンスを「情報」として画一的に注ぎ込まれても理解し難い。患者は、経験則や信念の上に出来上がっているインサイトをもって情報を「知識」化し、さらに知識を

図22：エビデンス－プラクティス・ギャップ

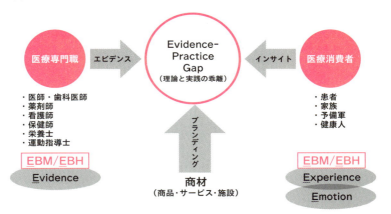

「知恵」に変えるというリテラシーレベル（情報活用能力）に照らし合わせ、《いいもの》としてブランディングしていけなければ、その医薬品を歓迎しない。結果、正しい服薬も約束されない。

僕の崇拝する寅さんが、こう言っている。
「ザマ見ろぃ、人間はね、理屈なんかじゃ動かねえんだよ」（渥美清、主演。「男はつらいよ」第一作より）。まさしく、エビデンス－プラクティス・ギャップを嘲笑うかのような洒落の利いたセリフである。

さて、あなたのヘルスケア商材はどうだろう。

次の図を完成させて、寅さんも納得の、いいあんばいのブランディングを心がけていただきたい。（図23）

図23：あなたのヘルスケア商材の知覚品質＋感覚品質

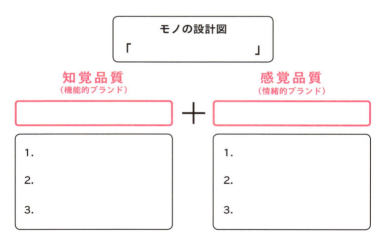

事例）「睡眠健康」ビジネスにみるブランディング

　ある大学の精神科の教授から、こんな話を聞いた。「奇数月は、不眠を訴える患者さんで外来が混む！」。1月、3月、5月、7月、9月、11月。確かに、年度の節目となるようなライフイベントの多い月であったり、季節の変わり目の月だったり。この「節目」という時期に、どうも人は眠れなくなるようだ。

　一般に、不眠はメンタルヘルスの枠組みのなかで注目されるが、睡眠の専門家が別の視点から問題視するのは、「不眠は肥満を助長する」であったり、「不眠があると2型糖尿病の発症が上昇する」であったり、「不眠により高血圧の発症が高まる」といった生活習慣病との関係である。糖尿病の患者、高血圧症の患者に不眠状態を問うことが実地診療の場で大切である、と彼らは説く。つまり、生活改善テーマはなにも食事や運動や禁煙だけでなく、睡眠もまた生活習慣病の発症に深くかかわるものであり、改善すべき生活習慣の一つであるということ。平成25年度からはじまった「健康日本21（第2次）」では、「休息」（睡眠に代表される）も健康テーマに加わり、食事・運動同様、睡眠においても量と質がより一層問われることになった。これを治

療ないし改善するのが「睡眠健康」の目指すべきところになる。

そこで、制御焦点理論の項でも取り上げた「睡眠健康」を、普遍的な健康テーマとして、以降、一連のモノ・コト・ハコ・ヒトの設計の例に示す。まずは、モノの設計（商材づくり）から。

睡眠健康にテーマをおいた商材（商品、サービス、施設）のなかで、"睡眠を測る"商品やサービスを取り上げることとする。

"睡眠を測る"が、「知覚品質」（機能的ブランド）そのものである。あるゆる技術と機能をもって"測る"商品やサービスが生まれる。スマートフォンは、傾きや向きを自動認識するスマホ内蔵の加速度センサーで揺れる枕元を"測る"ことにより、眠りの深さなどを推定し、睡眠状態をグラフ化して示す（各種スマホアプリがある）。寝具マットに仕掛けられた圧力センサーは、体移動や脈拍や呼吸を"測る"ことで、眠りの質をモニタリングする（タニタの商品に代表される）。災害救助現場で活躍し、生存者確認に役立てられた電波センサーは、寝室で人の寝返り行動や胸の動きや呼吸を"測る"ことで、眠りの深さなどを判定する（オムロンヘルスケアの商品に代表される）。

一方の「感覚品質」はどうだろう？　睡眠イコール生活習慣である。睡眠健康のためには、生活習慣のさまざまな改善（改める）と断捨離（断ち切る）が求められる。そこに、"眠りをマネジメントする"という睡眠健康本来の姿が「感覚品質」（情緒的ブランド）の核心となって現れてくる。

　まとめると、「知覚品質」は"睡眠を測る"＋「感覚品質」は"眠りをマネジメントする"となる。

　図23に書き入れるとすれば、「知覚品質」として、その"睡眠を測る"商品やサービスがもっている、1. 有効性、2. 安全性、3. 簡便性、4. 経済性などを箇条書きしておこう。いわゆるカタログやトリセツ（取扱説明書）に書かれているような内容になるはずだ。

「感覚品質」としては、その"眠りをマネジメントする"商品やサービスが醸し出す、1. 共感性、2. 安心感、3.（使用・利用にあたっての）柔軟度、4.（使用・利用しつづけようと思いたくなる）忠誠心などについて箇条書きしよう。普段の日常会話のことばで！

5.3 ヘルスケア商材のエビデンスとインサイト

　業界が違えども、「エビデンス」という言葉は徐々に生活の中で使われはじめているようだ。たとえば、会合という名の飲食費の精算のとき、「この会合のエビデンスを添付しなさい」と経理の人に言われると、「日付、店名のほか、出席者名と会議内容を記した報告書のことだな」と察しがつく。客観的な「証拠物件」「物的証拠」のことである。認めるためには、つべこべ言わずに証拠を出しなさいという場面に、エビデンスというものが突如登場する。

　ヘルスケアの業界で「エビデンス」というと、「科学的手法によって得られた証拠（科学的根拠）」と定義される。でも、「○○が○○症状を改善」「○○協会推奨」「○○医師推薦」といった"お墨付き"は、はたして同じレベルに正しいのだろうか？　確かに証明された事実であることに間違いないのだろうが、受け容れていい事実なのかどうか疑わしいものもある。なかには、根も葉もない治療法を勧めたり、どっかで聞いたけど健康にいいらしい程度の、エビデンスに乏しい、あるいは質の悪いエビデンスを宣伝文句にセールスしまくる品物や書籍も出回っている。実は、エビデンスにはレベル感（いいエビデンス、よろしくないエビデン

ス）というものがあることを消費者は知らされていない。名の知れた先生の発言ならいいじゃん！みたいな"お墨付き"（≒実は"ブラック"な）商売がまかり通っていて、どんな研究結果をもってエビデンスが出来上がって、そのエビデンスはどんな人にお勧めなのかが、実にグレーだ。テレビや新聞で、白衣を着た医師らしい人がコメントを寄せているだけでは、何のエビデンスも担保されていない。これは、信じたい気持ちを逆手に取り、単純に白衣（ホワイトコート）の効果を利用した"ブラック"な商売。裏ワザ的だましのテクニックにすぎない。事実、白衣を見るだけで血圧が上がっちゃう「白衣性高血圧」（家で測っているときは別段異常ないのに、病院で白衣を着た人に測ってもらうと興奮気味になってしまい、血圧が高い）という症状があるぐらいだし……。

　では、冷静な判断を支えるエビデンスの、その質についてきちんと説こう。エビデンスの質とは、エビデンスレベルと推奨グレードの2軸で表示することができる（図24）。

図24：エビデンスの質の2軸

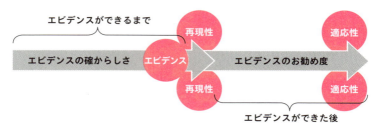

©2015 西根英一 | Eiichi Nishine

　エビデンスレベルとは、エビデンスができるまでに至った研究のデザイン（たとえば研究対象の人数や研究実施の期間のほか、研究手法における比較対照群の有無、母集団の抽出方法など）を評価するもので、おもに「エビデンスの再現性」を担保する基軸となる。つまりは、エビデンスの確からしさ。世間をにぎわした小保方さんのSTAP細胞は、この研究デザインが問題視され、結果、エビデンスは

再現されなかった。つまり、エビデンスレベルは極めて低いどころか、ゼロとなり、学術誌に載せる価値はないと結論づけられた。

　一方の推奨グレードとは、エビデンスができた後に、提供される人に向けた有効性・安全性・経済性などを評価するもので、おもに「エビデンスの適応性」を担保する基軸である。つまり、エビデンスのお勧め度。あるエビデンスについて、大人には勧められるが、子供には勧められないというように、条件づけがなされる場合もある。あるいは、経済的な理由で条件がつく場合とか、仕事をつづけながら治療したいというような本人の希望を優先する場合も、お勧め度は異なる。

　これらエビデンスレベルと推奨グレードの２つを乗じることで、総合的にエビデンスの質を評価する。

エビデンスの質的評価
＝「エビデンスレベルの高低」×「推奨グレードの強弱」

　一般的に医学の世界では、エビデンスレベルをLevel Ⅰ／Ⅱ／Ⅲ／Ⅳ／Ⅴ／Ⅵなど（小さい数字ほど上位）、推奨グレードをGrade A／B／C／Dなど（Aに近いほど上位。Grade A：強く推奨される、Grade B：推奨される、Grade C：推奨するには根拠に乏しい、Grade D：推奨されない）

という表示を用いる。たとえば、「〇〇の知見はLevel IIですが、Grade Dのエビデンスです」のように提示される。この場合、エビデンスの再現性は高く、世の中の多くの人がその恩恵にあずかるが、エビデンスの適応性について、あなた個人に対しては不適であり、推奨できないという意味となる。確からしさ（「正しいもの」の指針）とおススメ度（「いいもの」の指針）により、「正しくていいもの」を選択することが叶うように設定される。選択肢に複数のエビデンスが列挙されるケースにおいて、優先順位を解釈するときは、エビデンスの質の可視化として有用である。（図25）

図25：エビデンスの質の可視化

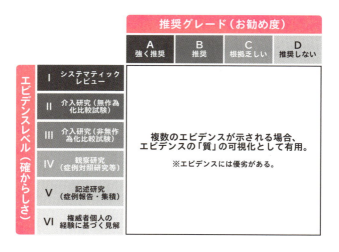

©2015 西根英一 | Eiichi Nishine

実際、がん治療の場面などでは、医者が患者・家族にいくつもの治療選択肢を示すとき、その優先順位を解釈して意思決定してもらうために、治療選択肢ごとのエビデンスレベルと推奨グレードを説明することがある。患者・家族にとっては共感が高まって安心感が増すし、疑念が払拭されて忠誠心が増すし、意思決定した後の後悔もなくなる。エビデンスの質を知ることは、とても大切なことである。

　がんのように生死を決するような疾患以外は、治療医療の世界でもエビデンスの可視化はなかなか進んでいないし、予防医療、健康や美容といったヘルスケアビジネス全領域において、医療消費者はエビデンスについて質的評価をする機会はまだまだ足りない。

　しかしいま、このエビデンスを冠したEBN（Evidence Based Nutrition）という言葉が予防医療において注目されはじめている。科学的根拠（エビデンス）に基づいた（ベースド）、栄養摂取・食事管理（ニュートリション）という考え方だ。

　2015年春に施行の食品機能性表示制度により、成分・素材・食材がもつ健康機能性の根拠（エビデンス）を示す複数の論文をもとに条件が整えば、加工品だけでなく、野菜、果物、魚介類といった生鮮品にも健康表示が可能にな

る。この開始により、これまでの特定保健用食品（トクホ）や栄養機能性食品に加え、本格的な食の"モノ消費＋情報消費"の時代に突入した。消費者の食の安全・安心への関心は、一層高まることになる。それまで以上に、生産者、製造者には正確性と信頼性が求められる。

　一方、消費者庁はじめ、厚生労働省、経済産業省、農林水産省が、それぞれの立場から・おのおのの役割と責任で・さまざまな形にて、食の健康機能表示に絡む事態となった。そこに、求心力をもって登場したのがEBN（Evidence Based Nutrition）という概念なのである。

　エビデンスという概念自体、日本ではそんなに長い歴史がある言葉ではない。もともとは医療の世界で、個人の経験則が上位であった医療を科学的手法によって体系化して、客観的かつ再現性の高い医療（特に治療法）として役立てようという世の中の動きに乗じて現れてきた考え方。EBM（Evidence Based Medicine, 科学的根拠に基づいた医療）が先にあり、それに続いてEBNの時代が訪れるというわけだ。

　予防医療の中核をなす食生活において、このエビデンスの大切さを説き、EBNの考え方の世の中への普及啓発を通して、消費者に対しては健康食材・素材・成分への関心・

理解・行動を質すとともに、それらを開発する企業や団体、地方自治体に対してエビデンス構築とコミュニケーション開発を質すことを目的に、EBN推進委員会が2014年4月設立された（2015年に一般社団法人化）。代表に、生物統計学の第一人者である大橋靖雄氏（東京大学名誉教授、中央大学教授）が就き、私を含む専門委員5名によって活動をはじめた。ヘルスケア関連企業や地方自治体の参画を広く得ながら、ソーシャルグッドな社会環境づくりを推進している。

注）EBN推進委員会は、私が経済産業省のヘルスケア創出事業や北海道版トクホ「ヘルシーDo」周辺ビジネスに関与するなかで、社会的必要性に気づき、設立したもので（西根が立案。大橋先生が代表を務め、設立が叶う）、私が勤務するマッキャンのビジネス目途の所有物ではない。電通でも博報堂でもアサツー ディ・ケイ他であっても参加可能だし、またいかなるPR会社もメディアも協力可能だし、賛同参画企業にも競合排除は一切ない。EBNは、ソーシャルグッドな世の中づくりのための「共有地」である。協力会社は、その「共有地」に自身の本業を提供することで、EBNの普及啓発に協力することが唯一の条件。それをもって自社がかかえるクライアントビジネスに活用していただければいい。賛同参画企業についても、その「共有地」でEBNというソーシャルグッドな世の中づくりの実現に賛同いただければ、EBN推進委員会が専門的なサービスの提供をもって企業の個別の商業活動を支援するというもの。

このEBN推進委員会が目指している本当のゴールは、「EBNは、おいしい！」である。正しい情報、《いいもの》に。

つまり、エビデンスだけでは世の中に応えられないことを知っている。

そう、もう一つのキーワードが、インサイト。インサイトは、「経験や思い込みによって形成された重層心理」であり、一般に「本音」とか「真意」と訳されることが多い。アタマで理解するエビデンスとは対極をなすものと理解していいだろう。ココロの動機づけとなるインサイトは、見えている「動機」（needs）＋隠れている動機「出会ったことのない動機」（unmet needs）の和で表示することができる。

**インサイト ＝
顕在化しているニーズ ＋ 潜在化しているアンメットニーズ**

つまり、インサイトとは、水面上に現れた部分（顕在化しているニーズ）と水面下に隠れた部分（潜在化しているアンメットニーズ）の重層からなる氷塊のようなものと理

図26：インサイトの構造

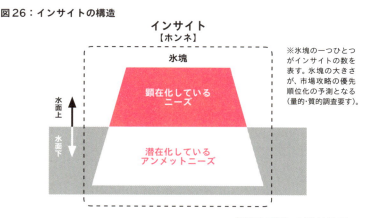

※氷塊の一つひとつがインサイトの数を表す。氷塊の大きさが、市場攻略の優先順位化の予測となる（量的・質的調査要す）。

解できる。氷であるから、環境変化（社会環境や情勢、世論や世相）によって、ときに大きく膨張したり、ときに解けて消失したりもする（図26）。

　顕在化しているニーズと潜在化しているアンメットニーズは多くの場合、互いに矛盾しながら、なんとも言えない不快感を伴いながらも、人は同時に抱え込んでいる。にもかかわらず、その両方を叶えたいのだ。天使と悪魔のささやきもその一部なのかもしれない。こういう状態にあることを、社会心理学の世界では「認知的不協和」と呼ぶ。マーケティングの世界で「インサイト」と呼ばれるこのことばは、だからこそ、定義しづらいものとして扱われてきた。

　氷塊はいったいどんな形をしてるのか、顕在化しているニーズが大きい頭デッカチな氷塊なのか、潜在化しているアンメットニーズが大きい尻デカの氷塊なのか、氷塊そのものの体積はどれくらいなのか……などの把握のため、インサイト調査というものが実施される。

　ヘルスケアビジネスも例外ではない。見えない「健康の確実性」を可視化し、「確実な利益」へと誘導するために、インサイトをとらえることが重要である。ヘルスケアビジネスの成功例の一つであるメタボ市場は、数値目標（健康目標の可視化）によって、消費者インサイトが巨塊化した好例である。

ここに解説したエビデンスとインサイトが、医療消費行動（治療行動や健康行動など）の制御因子である。
　前述したとおり留意すべきは、ヘルスケアビジネスにおいて、医療専門職はエビデンスがもつ本来的な情報価値にのみ加担し、それを最大級の《正しいもの》として医療消費者に伝えることに専念し、医療消費者によって《いいもの》として再生される副次的産物（二次効用）と、そのもとになるインサイトについて意識を注がないことである。ヘルスケアビジネスは、患者、予備軍、健康人に向けられる

図27：ヘルスケアビジネスのアプローチ

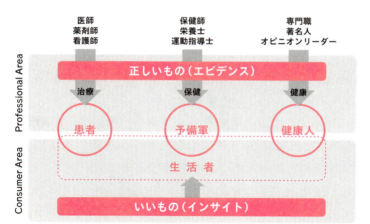

©2015 西根英一 | Eiichi Nishine

ものという認識を改めなくてはならない。医療機関や保健機関を一歩出た彼らは、幸せを希求しつづける本来の生活者なのだから。(図27)

　対極の関係にあるエビデンスとインサイトの両者の関係は、掛け算で語ることができる。あるヘルスケア商材が、どんなに高い質のエビデンスをもとうが、仮に100点満点のエビデンスであろうが、インサイトが0であれば、答えは0である。消費行動(治療行動や健康行動など)は起こらない。つまり、インサイトを正の値へ設定することこそが、ヘルスケアビジネスを成功に導く

　もし、企業の開発部がエビデンス100点の商品を開発したのなら、マーケティング部はエビデンスが指示する知覚品質だけを売りに淡々とセールスマニュアルを作成するのでなく、消費者のインサイトが支持する感覚品質を高める施策を展開しないと、開発部に対して大変失礼である。マーケティング部こそが、ブランディングの役割と責任をもつ機関であり(ブランディングを含む、以降で触れるイシューイング、マーケティング、ターゲティングまで)、それを引き継ぐ宣伝部が、それをコミュニケーションに変えて表現する責任機関である(コミュニケーションは第3部で触れる)。

第2部　ヘルスケアビジネスのマーケティング戦略篇

6.1 コトの設計図 〜イシューイングとは？

　世の中には、改善すべき問題点や解決すべき課題がゴロゴロと転がっている。その中から、話題となるであろうコト／話題とすべきコトを拾い集め、世の中ゴト（ソーシャルイシュー）としていく作業がイシューイング（課題づくり）である。それにより、世の中に予防焦点（prevention focus）を生成し、損失回避モードを醸成する。

　しかしながら、もともとは関連性が低い「他人ゴト」。それを関連性がある「世の中ゴト」に変換し、さらに関連性の高い「自分ゴト」化していく手順が求められる。（図28）

図28：コトの設計図

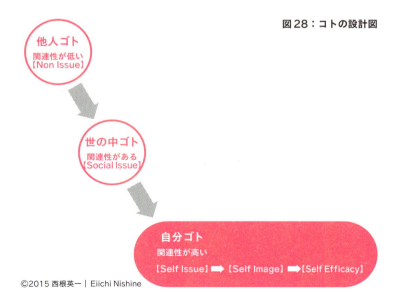

©2015 西根英一 | Eiichi Nishine

（1）Social Issue（ソーシャルイシュー、世の中ゴト）の設定のしかた

　Social Issueは、いわゆる世論形成に導く、世の中の潮流、社会的規範と理解される。

　Social Issueを広く認知させる際には、学術団体（アカデミア）・公益団体（パブリック）がそれぞれのコミュニケーションチャネルにおいて、世の中がリテラシーを獲得するまでに大きな影響力をもつメディア、特にマスメディアの関与をいかに受け容れるかが重要である。アカデミアがマスコミと対峙しているような環境が常態化すると、ブログ、ツイッター、フェイスブックなどソーシャルメディアが優位に立ち、Social Issueは分散し、育ち難い。

　また、Social Issueを個人向けに設定する際には、決して回答をイエス/ノーで迫るような尋ね方をしてはならない。まだコトの重要性に気づかない者に、二者択一の、しかもイエスかノーかの判断を迫っても、ノー！としか回答してこない確率が高いからである。正しくは、How?（どれくらい？）で聞き、How!（これくらい！）で答えさせることである。

まずは、コトの重要性に対して「どの程度気づいているか」を気づかせることが大切なのである。こうしておけば、コトの存在を否定されることも無視されることもない。物事の存在を肯定的にとらえ、物事の認知の現時点での大きさを「う～んと、これくらいかな」と悟ることができる。

　わかりやすい例をちょっとだけ。合コンとかの記憶をさかのぼれば、合コンが終わった瞬間、「僕と付き合わない？」とイエス／ノーで迫ったときは、ほとんど断られていたような。でも、「ねぇ、僕のことどれくらいわかった？」とHow？で聞けば、「うん、20％ぐらい！」って、冗談っぽく微笑みを返してくれる。ほらね、僕は否定されていないし、断られてもいない。「じゃあ、50％くらいまで頑張っちゃおうかな。今度デートしない？」みたいなね。

程度を話題にするといい

（2）Self Issue（セルフイシュー、自分ゴト）の設定のしかた

　目標行動に対する個人の課題設定（Self Issue）は、客観的なエビデンスに指示される「ガイドライン」と主観的なエモーションに支持される「マインドライン」（筆者による造語）の間に共通項として存在するものでなくてはならない。

　この両者の最適化された分配率（ベストミックス）は、規定されるものでなく、社会的課題の影響度をみるソーシャルマーケティングによって検討されるべきものである。先に示したSocial Issueに対する浸透度（おもにアタマの認知度）や受容度（おもにココロの認容度）が参考になる。

図29：ガイドラインとマインドラインの分配率

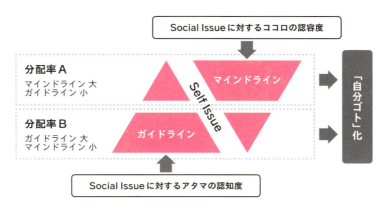

©2015 西根英一 | Eiichi Nishine

そして、メッセージ開発時には、ガイドラインとマインドラインの巧みな分配率によって、当事者の課題設定に対するアタマとココロのハードルを下げ、目標行動をより親近感あるものと感じ取れるようにしてあげるべきである。（図29）

（3）Self Image（セルフイメージ、デキている感）の設定のしかた

設定した目標行動をいざ実行するにあたり、取り組む前から成功しているイメージはなかなか描き難い。Self Imageの獲得には、「きっとできない（だろう）」を取り除いてあげるメッセージ開発が望まれる。目の前のハードルの高さが問題となるため、まずは障害の誤解を解くこと。たとえば、筋肉痛になるくらいの運動じゃないと運動とは言えない……とかの「誤解」を解いてあげる。そして、低い目標設定でも十分効果があることを伝えることにより、成功イメージを醸成していく。（図30）

図30：デキている感の設定

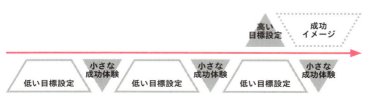

©2015 西根英一 | Eiichi Nishine

（4）Self Efficacy（セルフエフィカシー、しあわせ感）の設定のしかた

　目標行動を維持し続けるにあたり、自分の行動がどんなしあわせをもたらすのかというSelf Efficacyについては、その達成感を個人の生活域に留めてしまうと、なかなかつづかないという現象を生む。そこで、関係する社会ないし他者に対して行動規範を公開するような、当事者にとってもう少し上位概念のしあわせ（⇒「互恵的利他」）を設定することが望ましい。目標行動を実行できている当事者は、いわゆる"衆人環視"のもとに、それをつづけている自分を楽しむ。たとえば、フェイスブックの「いいね！」は、この典型例と言える。

　目標行動が治療であるなら、医療専門職（医者）は過保護にならないよう"見守り"の姿勢を保つことによって、医療消費者（患者）のしあわせな「ゴール」に医療専門職の「エンドポイント」（治療目標）を擦りあわせていくことが重要である。医療消費者と医療専門職の終着点のズレが原因で、結果、しあわせ感に欠けてしまっては、医療サービスは非常にもったいないし、実に悲しい。（図31）

図31：医療におけるしあわせ感の設定

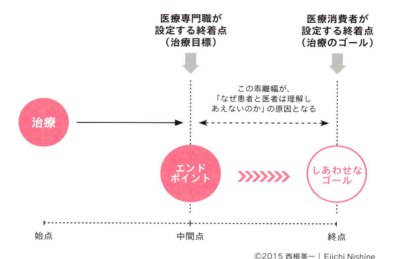

©2015 西根英一 | Eiichi Nishine

6.2 ヘルスケアビジネスのイシューイング

ヘルスケアビジネスに最も重要なのが、コトの設定である。この成功如何で、ビジネスが決するといっても過言ではない。極端なことをいえば、一般消費財ならコトはなくても売れる。しかし、ヘルスケアビジネスの商材は、コトの設定がなければ絶対売れない。それくらい大切だ。

日本のヘルスケアビジネス史上、最もイシューイングに成功した例のひとつが「メタボリックシンドローム」だろ

う。「メタボ」ということばの登場により、ヘルスプロモーションは大転換期を迎えた。**メディテインメント（メディカル＆エンターテインメント）**のはじまりである。医療界では「内臓脂肪型肥満」という難解用語で、世間では「デブ・中年太り」呼ばわりされる不快用語で表現されてきた、この不健康状態を普及啓発するにあたっては、関連性理論がいうところの認知効果を上げ（あきらかで）、処理労力を下げる（わかりやすい）言葉の登場が待たれた。

　医療系の八つの学会が2005年に診断基準を策定し、メタボリックシンドロームを定義して後、2008年4月の特定健診（メタボ健診）の開始とともに、厚生労働省が中心となって全自治体に対して「メタボ」の普及啓発がはじまる。いわゆる**世論形成（ソーシャルイシュー化）**である。

　制御焦点理論を用いて解釈すれば、「メタボ」というコトによって、世の中に予防焦点（prevention focus）を生成し、損失回避モードを醸成することで、生活習慣病の発症を予防し、三大疾病を未然に防ぎ、介護に頼らない健康寿命を延伸させるという目的に則った国家プロジェクトである。産官学の参画によって、食生活の改善、運動習慣の獲得等に向けた大々的なキャンペーンが展開され、この頃からヘルスケアビジネスには多くの企業が参入するようになった。

従来、ヘルスプロモーションといえばアカデミアとパブリックの機関が実施する"上から目線"の活動であったが、産官学が参画するメディテインメント型ヘルスプロモーションの登場によって、世論形成は指示するタテ型＋共有するヨコ型へと広がっていった。「メタボ」の認知率は、施行４年後の2012年２月の段階で実に97.8％（内容を知っている67.4％、聞いたことがある30.4％）に達している（マクロミル調査）。

　メディテインメントをもとに予防焦点的概念を世の中ゴトの核に仕立てる同様の動きは、他にもある。慢性閉塞性肺疾患（COPD）ならびに禁煙の普及啓発にあたって「肺年齢」という言葉を、また最近では、高齢者介護の課題が大きくクローズアップされるなかで、骨・関節・筋肉の機能が低下する運動器症候群の普及啓発に「ロコモ」（ロコモティブシンドローム）という言葉が用いられたりしている。

　いずれの言葉も、難解用語と不快用語を足して２で割って、さらにちょっとプラスαのエンタメ性をもたせる味付けを加えることで、わかりやすくつくられている。

$$\left(\begin{array}{c}\text{難解用語「内臓脂肪型肥満」}\\+\\\text{不快用語「デブ・中年太り」}\end{array}\right)\div 2+\alpha=\text{「メタボ」}$$

　日本動脈硬化学会、日本糖尿病学会、日本肥満学会、日本高血圧学会、日本循環器学会、日本腎臓病学会、日本血栓止血学会、日本内科学会による合同提唱。2005年に診断基準策定、2008年に特定健診開始、2012年2月段階で認知率97.8％。（図32）

図32：予防焦点の世の中ゴト化例「メタボ」

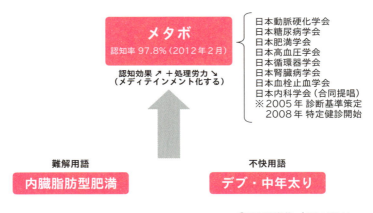

©2015 西根英一｜Eiichi Nishine

$$\left(\begin{array}{c}\text{難解用語「運動器機能不全」}\\+\\\text{不快用語「寝たきり・要介護」}\end{array}\right) \div 2 + \alpha = \text{「ロコモ」}$$

　日本整形外科学会が提唱。2013年4月にはじまった「健康日本21」第2次では、2013年2月段階の認知率26.6％を2022年までに80％まで上げることを目標としている。（図33）

図33：予防焦点の世の中ゴト化例「ロコモ」

ロコモ
認知率26.6％（2013年2月）

日本整形外科学会
※「健康日本21」（第2次）では、認知率を2022年に80％まで上げることを目標に掲げる。

認知効果↗＋処理労力↘
（メディテインメント化する）

難解用語
運動器機能不全

不快用語
寝たきり・要介護

©2015 西根英一 | Eiichi Nishine

$$\left(\begin{array}{c}\text{難解用語}\\\text{「慢性閉塞性肺疾患（COPD）」}\\+\\\text{不快用語「禁煙・タバコ病」}\end{array}\right) \div 2 + \alpha = \text{「肺年齢」}$$

　日本呼吸器学会が2009年に提唱。COPDという疾患名

図34：予防焦点の
世の中ゴト化例「肺年齢」

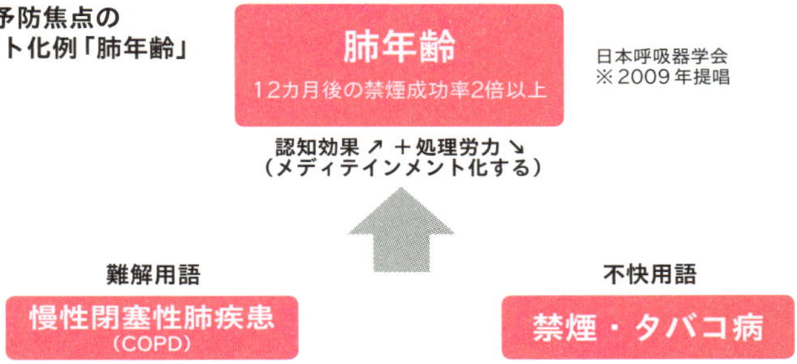

©2015 西根英一｜Eiichi Nishine

での啓発時に比べ、12カ月後の禁煙成功率が2倍以上に。（図34）

いずれの例でも注目すべきは、学会・協会や研究会といった学術組織（アカデミア）がその啓発用語の立案者であり、国や行政といった公的機関（パブリック）がその啓発の支援者となり、企業（ビジネス）が協力者になっていることである。こうして、企業はビジネス的チャンスを世の中ゴトのなかに見いだし、世の中ゴト化を支援していく（⇒産官学協働）。このコトづくり（世論形成）が、次項で紹介するハコづくり（市場形成）に大きな影響を及ぼすことは十分に足りる推測の域にあるだろう。世論形成のない市場と、世論形成のある市場、どちらが大きくなるかはあきらかだ。

ヘルスケアビジネスにおいては、医療関係団体（学会や協会、研究会）が起案し、厚生労働省や経済産業省、消費者庁といった国の方針づくりや地方行政の推進事業とともに、その話題や課題が市民に提供され、しだいにソーシャルイシュー化することで、世の中に予防焦点（prevention focus）を生成し、損失回避モードを醸成するという工程を歩むことになる。これが、ヘルスケアビジネスにおいてイシューイングと呼ぶ「コト」づくりである。コトがあるか・ないか、コトをつくるか・つくらないかで、受け皿となる「ハコ」が一回りも二回りも大きくなったり、「ハコ」の底がより深くなったりする可能性があるのだから、このコトの萌芽の瞬間をいち早くキャッチし、観察することが、企業にとっての目の付けどころとなる。

　では、この世の中ゴトの見極め方について、触れよう。世の中ゴトは、4象限にマイニングできると考えられる。（図35）

　そのうち最もイシューイング（コトづくり）が求められるのが、第3象限に位置する「当てはまる人が多いのに、関与（関連性）については消極的」な話題・課題である。メタボも、ロコモも、かくれ不眠も、「当てはまる人が多いのに、関与（関連性）については消極的である」という象限に

図35：世の中ゴトの４象限のマイニング

（注）該当割合（上下方向）の軸は、下端が0％、上端が100％となる。
"関連係数"（左右方向）は、あくまでも相対的な指標であり、ばらつきの象限を示すものである。左右の中央位置が積極的と消極的の境目を意味するものではない。

©2015 西根英一｜Eiichi Nishine

　もともとはカテゴライズされていたため、「疾患啓発の重要性」がクローズアップされたわけだ。そして、コトづくりによって第１象限「当てはまる人が多く、関連性に積極的」へと格上げされ、まさしく世の中ゴト（ソーシャルイシュー）となる。

　あっという間に世の中の話題をさらう、たとえばインフルエンザは、冬場というある特定の期間に限定されるものの、「当てはまる人が多く、関連性に積極的」であることか

ら、大きな話題となるだけでなく、多くの消費者行動も導く。さらに、新型インフルエンザの猛威（パンデミック）のような状況下では、薬局薬店の店頭でマスクが品切れになったり、医療機関でワクチンが品薄状態になるなどの世の中現象を巻き起こすことになる。

　一方、難病ALSは、「関連性に消極的で、当てはまる人も少ない」という、疾患啓発には不向きな状況にありながらも、その疾患が人間の尊厳を徐々に奪い去る難病であって、治療法がみつかっていないという悲惨さもあり、もともとの「疾患啓発」という装いが「患者支援」という土壌に変わり、そこにALSアイスバケツチャレンジという手法が導入されたことで、「関連性に積極的」な世の中へと作為的に世論を誘導した例である。ただし、正しく世論を導くためには、疾患理解への働きかけが手薄になったところを反省する必要がある。

　このソーシャルイシュー化により、「コト」が生まれる。次第に、世の中ゴトを再生産していく医療消費者がいくつかのタイプに分かれて誕生する（図36）。

　あるコトに対しての受け取り方によって、次の4つのタイプが存在することになる。もちろん、いくつか複数の役割を兼ね備える者もいる。

図36：コトを再生産する４つの医療消費者像

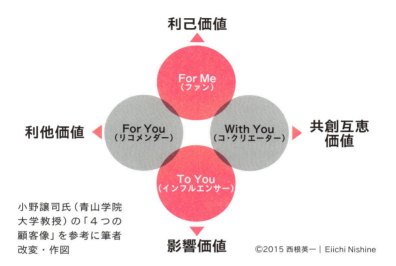

小野譲司氏（青山学院大学教授）の「４つの顧客像」を参考に筆者改変・作図

©2015 西根英一 | Eiichi Nishine

- For Meである場合（タイプ１「ファン」）
  ➡利己価値が高いがコトの再生産能力に乏しい
- To Youである場合（タイプ２「インフルエンサー」）
  ➡影響価値をもってコトを再生産する
- For Youである場合（タイプ３「リコメンダー」）
  ➡利他価値をもってコトを再生産する
- With Youである場合（タイプ４「コ・クリエーター」）
  ➡共創互恵価値をもってコトを再生産する

このうち、インフルエンサー、リコメンダー、コ・クリエーターの消費者は、「コト」を再生産する能力をもつ。たとえばフェイスブックを例にとると、単にファンなら「いいね！」で留まるが、インフルエンサーなら「シェアします」というアクションをとり、リコメンダーなら推薦のメッセージを付けて「シェアします」になり、コ・クリエーターなら「僕らの活動にも活用させてもらえますか」という提案のコメントを寄せることになる。

　コトの再生産能力は、コトを再生産する消費者の出現率と増殖力、つまり==To You のインフルエンサーの影響価値 ＋ For You のリコメンダーの利他価値 ＋ With You のコ・クリエーターの共創互恵価値の和のボリュームによって、後の世論形成の傾向（質と量）と伝播の速度を予測することが可能である。==コトの再生産能力は、in-bound する（内向けの）情報収集力と out-bound する（外向けの）情報発信力をもつ消費者の存在にかかっているのだ。情報規制、あるいは知識や知恵の出し惜しみなどを含め、他者との関係を欠いた場合、再生産はできない。

　となると、商品やサービス、施設、あるいは人に関して、ファンサイトをつくるときも、この For Me、To You、For You、With You が生まれる仕組みをビルトインすること

が、とても大切である。

　僕が手掛けた東北復興支援活動「おらほのラジオ体操」にも、コトの再生産を仕掛ける設計図を描いている(「おらほ」とは東北弁で「私たち」の意味)。

　震災後の「エコノミー症候群」(→カラダの不健康)、「ストレス・睡眠障害」(→ココロの不健康)、「孤独・引きこもり」(→キズナの不健康)という、このままじゃいけないな、ヤバイな、回避したいな、でいっぱいの予防焦点の状況下にある被災地に向けて、「カラダを調えるだけでなく、ココロを温め、キズナを深める東北弁のラジオ体操をしよう！」と震災後の世の中に提言した活動である(震災の翌月2011年4月よりプロジェクト開始、その100日後に「おらほのラジオ体操」として完成)。「おらほのラジオ体操」が仙台と石巻のローカルラジオ局から流れた翌日、米紙『ウォール・ストリート・ジャーナル』が英語と日本語で、"We hope that through radio calisthenics we can increase solidarity and provide an impetus for rebuilding communities. 地域住民の連帯感を高め、コミュニティづくりのきっかけとなる"と、いち早く世界配信した。その後、共同通信が独自の取材記事を全国配信したことをきっかけに、ほぼすべてのキーステーション(テレビ局・ラジ

オ局）と全国紙が取り上げ、東北弁で体操する！というエンターテインメント性とともに"笑顔のラジオ体操"と報じた。

　この「おらほのラジオ体操」には、ＳＮＳ（おもにフェイスブック）を用いてコトを再生産する設計図が精緻な形でビルトインされている。まず最初は、被災地を中心にFor Me＝ファンの利己価値「いいね！」が集まり、つぎにTo You＝インフルエンサーの影響価値「面白いからシェアします」を経て全国に拡散し、For You＝リコメンダーの利他価値「笑顔になれてお勧めです！」がさらに話題を呼び（この頃から、テレビの情報番組でしょっちゅう紹介されることになり）、With You＝コ・クリエーターの共創互恵価値「うちの町のラジオ体操でもやりたいんだけど、ＣＤはどこで買えるの？」「今度ランニングイベントするんで、準備体操曲に使わせてもらっていいですか？」へと発展していった。結果、2014年９月の段階で、ユーチューブは65万回の再生回数、音楽ＣＤ「おらほのラジオ体操」はおよそ１万枚を売上げ、DVD付き書籍『おらほのラジオ体操』は増刷となり（ＣＤ、書籍ともに売り上げの利益部分をすべて寄付している）、工事現場や高齢者施設では決まった時間にルーチーンで、また自治会や学校などではイベント

で、いまや全国約1,200カ所で活用されている（ＣＤの郵送先を参考にした推計）。さらには、コミュニケーション活動の客観的評価を目的に、日本ヘルスコミュニケーション学会（2012年）、日本広告学会クリエーティブ・フォーラム（2013年）にて学術発表、また、デザイン・広告業界のアカデミー賞と称されるＤ＆ＡＤ賞の「ホワイト・ペンシル」部門にて入賞を果たしている（エントリー名：A gift of peace from Tohoku、2012年）。「ホワイト・ペンシル」部門は、社会に真の"変化"をもたらす行動を喚起するコミュニケーション活動に与えられる賞である。（写真4）

写真4　おらほのラジオ体操（右は、DVD付書籍『おらほのラジオ体操』より。エムオン・エンタテインメント）

このように、コト（話題）の再生産を目途とするとき、この手段のために開設されるファンサイトは、「最近投稿してないなぁ。そろそろ何か、メッセージか写真、アップしといて！」じゃなく、あるいは「決まった時間にフォーマットどおりの情報を掲載してます！」じゃなく、コミュニケーションの設計図のとおりに、To Youのインフルエンサー、For Youのリコメンダー、With Youのコ・クリエーターを、タイミングよく、必要なボリュームを生むよう、運営されていくものでなくてはならない。

　さて、あなたのヘルスケアビジネスの課題はどうだろう。

　次の図を完成させて、予防焦点を世の中ゴト化するイシューイングを考えてみよう。（図37）

図37：あなたのヘルスケアビジネスの課題

認知効果↗＋処理労力↘
（メディテインメント化する）

難解用語

不快用語

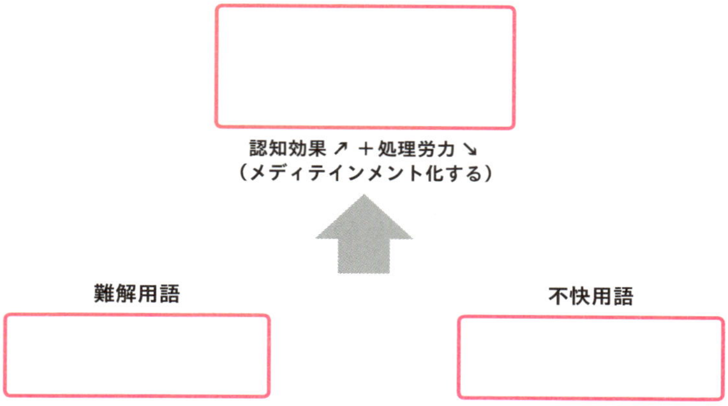

©2015 西根英一 | Eiichi Nishine

事例）「睡眠健康」ビジネスにみるイシューイング

　前項につづき、「睡眠健康」を例に、コトの設計（課題づくり）を解説する。

　予防焦点的概念を世の中ゴトの核に仕立てる動きとして、メンタルヘルスへの関心が高まり、さらに生活習慣病との関連が指摘されると、不眠症の前状態である軽度短期不眠状態の啓発と睡眠健康の普及にあたって「かくれ不眠」という言葉が生まれた。

　経緯をまとめると、（難解用語「軽度短期不眠状態」＋不快用語「寝坊・寝不足」）÷２＋（メディテインメント化のアイデア）＝「かくれ不眠」となる。

　睡眠専門医、精神神経科医、神経内科医、薬理学医らによる睡眠改善委員会が2011年２月３日「不眠の日」に「かくれ不眠」を提唱。同年の3.11東日本大震災後の睡眠健康、サマータイム制導入の検討などと同調し、メディアで拡散。普及啓発をはじめて２年後の2013年春の段階での認知率は32％。かくれ不眠と美容、かくれ不眠と年収、かくれ不眠と夫婦仲などの話題へと展開し、多くのメディアが注目。その後も、女性誌やビジネス誌を中心に、「睡眠」特集が組まれるたびに紹介され、睡眠コンサルタントらが用いる一般用語として定着している。

7.1 ハコの設計図 ～マーケティングとは？

 ハコは、前述のコトとは対照的に、促進焦点（promotion focus）の場とならねばならない。利得接近モードのマーケットを創発することによって、ソーシャルイシューの「受け皿」になると同時に、ヘルスケアビジネスの商材を迎え入れる「市場」となる。
 このハコに、設計されるべきものはCSVである（Creating Shared Value、"共有価値の創発"と直訳されるが、僕はこれを日本語で紹介するとき、"共創互恵"に同義としている）。ハコに、《正しいもの》が《いいもの》に変換されるきっかけとなる、CSVを設計する。（図38）
 マーケティングは、一般に「市場競争」の原理、あるいは「市場開発」とか、「市場開拓」などと訳されることが多い。

図38：ＣＳＶの役割

©2015 西根英一 | Eiichi Nishine

では、《正しいもの》が《いいもの》に変換されるきっかけとなるCSVを組み入れる、そのハコとなる市場をどう見つけるべきか？

　まずは、市場となる空き地を探さなくてはならない。

　空き地には、大きく分けて3つあると、僕は紹介している。一つは、「既存＋既知」の市場。ここでは当然、ネコの額ほどの小さな空き地をめぐって、あるいは既にお住まいの方の管理地を奪うという「市場競争」が起こる。血で血を洗う、レッドオーシャン市場である。この既存既知市場に、"既存の商材（商品やサービスなど）"で競争を挑む場合、市場シェアの増加を目途に、商材の使用数量（ないし利用回数）の増加、用途の追加などを行うわけだ。同市場に、"新規の商材"で競争を挑む場合は、市場シェアの獲得を目途に、使用（ないし利用）機会の獲得、優位性・差別化の開発などを行うことになる。どっちにしても試練戦だ。

　2番目の市場は、「既存＋放置」の市場。僕は、これを「手つかずの市場」と名付ける。この市場への介入が、「市場開拓」となる。草ぼうぼうの空き地、あるいは枯れた大地をどう耕すか。この既存放置市場に、"既存の商材"で競争を挑む場合、優先的市場づくりが叶うものの、従来の価値（タネ）を植え付ける"土壌改良"のアイデアが必要になる。同

市場に、"新規の商材"で競争を挑む場合も、土壌改良に加え、この優先的市場に最適な新しい価値（タネ）の開発が求められる。

　３番目の市場が、「新規＋未知」の市場。僕は、これを「気づかずの市場」と名付ける。いわゆる「市場開発」ということばが最もしっくりくる。空き地を見つけました！　そのものである。競争相手のいない、いわゆるブルーオーシャン市場。波立つ岩も風もない。この新規未知市場に、"既存

図39：市場戦略の選択肢

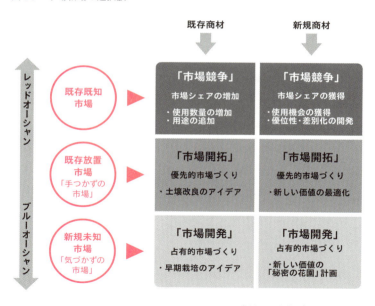

©2015 西根英一 | Eiichi Nishine

の商材"で競争を挑む場合、ここで占有的市場づくりをするためには、従来の価値（タネ）を植え付け、大事に育てていくにしても、早いうちに収穫可能な"早期栽培"のアイデアが必要となる。同市場に、"新規の商材"で競争を挑む場合、この占有的市場権を生かすべく、まさに、新しい価値の"秘密の花園"計画が立ち上がることになる。（図39）

　このように、空き地を探してから、タネ付け作業がはじまる。手つかずの既存放置市場、ないし気づかずの新規未知市場を探すとき、市場を重層的にとらえることで比較的簡単に見つけることができる。

　たとえば、デジタル派とアナログ派というように市場を二分してとらえてしまわず、デジタル派とアナログ派の間をわざと開け、ここに強引に空き地をつくってみる。市場を重層化してみるのだ。すると、どっちつかずな、ふわふわ浮遊状態の市場ができるはずだ。いわゆる、手つかずの既存放置市場。さて、あなたはココで何する？と考えると、いいわけ。

　ほかにも、肉食系と草食系、キレイ系とカワイイ系とかとか。

　そして、この市場にマーケティングの醍醐味、ＣＳＶのタネ付けがはじまる。

7.2 ヘルスケアビジネスのマーケティング

　前出の「おらほのラジオ体操」は、ラジオ体操本来の運動機能・心肺機能・代謝機能などを賦活してカラダの芯を温めるエクササイズプログラム《正しいもの》であると同時に、東北弁の号令でココロの芯が熱くなってくる《いいもの》であり、さらに、最後の「スンコチュウ（深呼吸）！」とともに「おらほ」のキズナ（被災者と支援者のソーシャルキャピタル）が最高潮に達する、を１パッケージ化して提供している。まさしく、WHO（世界保健機構）が定める健康定義、「健康とは、身体的、精神的かつ社会的に良好な状態を指し、病気でないとか虚弱でないということではない」を実現している。
　では、何をもって、つまり、どんなCSVによって、ラジオ体操が《正しいもの》から《いいもの》に変わったんだろう？
　このヒントを、趣意書に見つけることができる。震災１カ月後に書かれたメモである。のちにこれが企画書の代わりとなって、いろいろな人の同意を得ていく。
　この一枚の趣意書から「おらほのラジオ体操」が生まれた。分厚い企画書はない。ペラ一枚の紙切れが、まさかこんなに大きなプロジェクトになるとは、このとき、思ってもいなかった。

趣意書
「日本人のための、日本のふるさと復興計画」
（2011年4月21日、西根英一）

石川啄木が東北に思いをはせ、
「ふるさとの訛りなつかし停車場の人ごみの中にそを聴きにゆく」
と詠ったように。
日本人は、東北に日本のふるさとをさがす。

宮沢賢治が東北に思いをめぐらせ、
メルヘンの世界「イーハトーブ」を作ったように。
日本人は、東北に日本のメルヘンを感じる。

いま、大好きな人ががんばっている。東北の地で、避難の地で。もっと離れた遠くの町で。

私は、ある話を聞いた。避難所のいくつかで、ラジオ体操が復活していることを。
ラジオ体操といえば、
日本が世界に誇るヘルスプロモーション（健康増進活動）の成功例である。
ラジオ体操は、日本の高度経済成長期に、それを支える日本人の健康をつくってきた。

東北の地から、東北のお国言葉のラジオ体操を聞かせていただけませんか。
いつも東北が身近に感じられるように。
東北の方々の元気な姿をともに感じられるように。

私たちはきっと、一緒にラジオ体操ができる。きっと日本の笑顔が一緒になる。

医療と健康のコミュニケーションを扱う企業（マッキャンヘルスコミュニケーションズ）が、どうやったら私たちらしく復興支援できるだろうか？　そんな社内の問いかけに応えただけだった。これを提案したとき、会議室は笑顔に包まれた。ラジオ体操も東北弁も知らないはずのガイコクジン社長も笑顔だった。

　大切な人たちに話した。すると、笑顔をくれた。次に、全国ラジオ体操連盟に行って話した。やはり、笑顔になった。紹介されるまま、いろいろな権利者に話した。ここでも、笑顔だった。なぜ笑う？　その勢いで、石巻で話した。笑顔だ！　どこがおかしい？

　どこかがおかしい！　それが「東北弁ラジオ体操」だ。「おらほのラジオ体操」についてコメントを求めると、だいたいこんな回答が返ってくる。「おらほのラジオ体操」が日本ヘルスコミュニケーション学会で紹介されたとき、その大会長を務めた杉本なおみ先生（慶應義塾大学看護医療学部教授）は、朝日新聞の記事のなかで、こう語っている。

「おらほのラジオ体操は、単なる体操でなく、日常を奪われた被災者と地域に対して、子ども時代に慣れ親しんだものが戻ったかのような《ほっこり感》を与えています。方言でアレンジし、新鮮であって、かつ懐かしく、安心が得られるのが、このラジオ体操です」

きっと、「ラジオ体操は健康にいい」と声高に叫んでも、伝わらなかっただろう。みんなは、「おらほのラジオ体操」のなかに《正しいもの》でなく《いいもの》を見つけたのだ。《いいもの》を見つけると、笑顔になるんだな。被災者も、支援者も、日本人も、ガイコクジンも。

CSVは、脱出したい損失回避モードにあるコトから最適な逃げ道へと誘導してあげるようなクリエーティブな"ビッグアイデア"であるべきだ。つまり、コトに問題意識が内在し、コトの話題性が大きければ大きいほど、あるいはコトのテーマ性が深刻であればあるほど、その受け皿となるハコは大きく、深くなり、マーケットは巨大化する可能性を秘める。

図40：あなたのヘルスケアビジネスのＣＳＶ

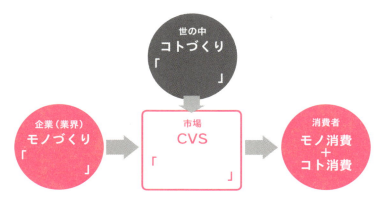

©2015 西根英一｜Eiichi Nishine

「おらほのラジオ体操」の場合、コトは「復興支援」であり、CSVは、東北の「お国言葉」（＝ソーシャルキャピタルの旗印）である。

さて、あなたのヘルスケアビジネスのCSVは何だろう。

次の図を完成させて、促進焦点を醸成する市場づくりを考えてみよう。モノづくりによって「商材」が、コトづくりによって「課題」が、このハコに入って「市場」がつくられ、消費者はこの市場からモノとコトを一緒に消費するという構図を理解しよう。（図40）

図41：おらほのラジオ体操のCSV

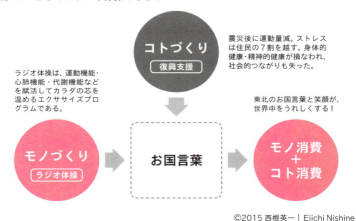

作図の参考として、「おらほのラジオ体操」を例示する。（図41）

事例）「睡眠健康」ビジネスにみるマーケティング

「睡眠健康」を例に、前項のコトに引き続き、ハコの設計（市場づくり）について解説する。

　見過ごせない不眠として、睡眠改善に向けた介入支援を要する「軽度短期不眠状態」を「かくれ不眠」と名付け、予防焦点のもとになる概念を醸成した。世の中に不眠に対する問題意識が内在していたことから、「かくれ不眠」の話題はSNSを通じて拡大し、また、「かくれ不眠」の放置が深刻であることが学術界ルートで発信されたことで、それを数多くのマスメディアが取り上げることになり、世論が形成されていった。ここまでが、コトづくり。

　そして、この世論の受け皿に、促進焦点となる睡眠健康の「ハコ」を用意する。ここに、快眠（良眠・安眠）のため……から、お肌のため……、日中のパフォーマンスを最大化するため……まで、促進焦点を呼び込むワードを並べ、睡眠ビジネスを企む商材（商品・サービス・施設）がなだれ込む。マーケットは、世論形成と歩調を合わせて急速に巨大化していく。睡眠改善薬（大衆薬）をはじめ、睡眠計測機器（睡眠計）、睡眠健康管理サービス、睡眠環境関連商品、さらに出版業界、流通業界、地方自治体等が、睡眠健康市

場に参入するという事態になった。睡眠計だけでも、数社が参入している。

「測る」市場は、既存既知市場の「体重を測る」(体重計)、「体温を測る」(体温計)、「血圧を測る」(血圧計)、「歩くを測る」(歩数計)から、

⬇

　自動計算や通信機能を機器に導入することで既存放置市場であった「日中活動量(消費カロリー量)を測る」(活動量計)へと市場開拓され、

⬇

　いま、新規未知市場の「睡眠を測る」(睡眠計)までの市場開発に至った。

⬇

　つぎの「測る」は、「ストレスを測る」。ストレス計が商品開発中で、実用待ちだ。

8.1 ヒトの設計図 〜ターゲティングとは？

「うちの商品、F1 向けだからさ。この女性誌、イケちゃうんじゃない！　広告載せちゃうかな」。「いや〜、さすが話が早いですね。パチパチ!!」、みたいな。これってさ、媒体と広告会社がタッグを組んで、クライアントに媒体スペースを売り捌いていた頃の、まるで広告の歴史の教科書に載っているかのような商取引でしかない。「先ず媒体ありき、THE 日本の広告業界」の秘伝の業だ。

　でもいまだに、企画書のターゲット欄に「M2 の独身」「F1 の OL」という表現をキマリ文句のように書く人たちがいる。この性別年代分類、ちなみに child、teenager、male、female の頭文字を取って、C は男女 4 歳〜 12 歳、T は男女 13 歳〜 19 歳、M1 は 20 歳〜 34 歳男性、M2 は 35 歳〜 49 歳男性、M3 は 50 歳以上男性、F1 は 20 歳〜 34 歳女性、F2 は 35 歳〜 49 歳女性、F3 は 50 歳以上女性を指す。

　ここで考えてほしい。ある目標行動に対して、認知・理解・行動のステージが違う人たちなのに、「F1 すべて」でまとめちゃうなんてことは、どう考えてもおかしい。

　消費者行動の側面からみて、行動そのものを層別化してとらえる Behavior Oriented Targeting の理解が求められる。

商品・サービス・施設といった商材に対する消費行動（買う・利用する・使用する）の行動ステージ（無関心期・関心期・準備期・実行期・維持期）をカテゴライズし、それから、介入支援すべき行動ステージの優先順位を定め、最優先カテゴリーの属性を分析したうえで、性別年代分類（M1〜3、F1〜3等）の比重を見極めればよい。そして最後に、それに合った媒体を選定するという手順が正当だ。

　どの行動ステージにいる人たちを最優先するかで、選定すべき媒体、つまり、マスメディア、ソーシャルメディア、クローズドで交流が限定されたプライベートメディアとのマッチング（相性）が異なるはずだ。必ずしもマスメディアが重要ではない。行動ステージが無関心期〜関心期であればマスメディアが、準備期〜実行期にはソーシャルメディアが、維持期にはプライベートメディアが最適化しそうなことぐらい想像に難くないだろう。

　となれば、こうなる。「うちの商品、●●という健康テーマに対して準備期にある人向けだからさ。この女性誌に広告載せたところで、ターゲットの数％しか取れないじゃない！　だから、マス広告という手法じゃないんだよね」。「いや〜、話がわかっていらっしゃる。では、ソーシャルメディアの活用を検討してみましょう」みたいな。これがさ、いまどきの会話だよね。

8.2 ヘルスケアビジネスのターゲティング

　ヘルスケアビジネスには、Behavior Oriented Targeting の素地が学問的にもともとある。ターゲティングにより定めるのは、商材（＝商品・サービス・施設）が提供する健康テーマに対する行動変容ステージ（無関心期、関心期、準備期、実行期、維持期）である。（Prochaska & DiClemente, Transtheoretical Model, 1983 の原論に基づく）

　ヘルスケアの広告ビジネスは、商材のプロモーション（販売促進活動）と専門職のヘルスプロモーション（健康増進活動）が複雑に絡み合う環境のなかで展開される。短絡的に、メディア選定を優先したり、年代・性別・職業等でターゲットをセグメントすることを第一義としてはならない。まず先に、ターゲットを行動変容ステージごとに分類し、後に属性（年代・性別・職業等）を割り当て、ターゲット像を浮き彫りにするという手順が好ましい。

　行動変容ステージとは順に、

・「気づいていない」無関心期の人
・「気づいているけど、わかっていない」関心期の人
・「わかっているけど、できない／やめられない」準備期の人

・「しているけど、満たされない」実行期の人
・「満たされている」維持期の人

　と分類される。このうち、介入支援すべきは、すでに出来上がっている維持期の人を除く、上から４つの行動変容ステージにいる人たちである。無関心期の人を関心期の行動変容ステージに、関心期を準備期に、準備期を実行期に、実行期を維持期に、と動かすための介入支援である。
ヒトの設計図を描く手順は、以下のとおりで進めるとよい。

❶行動変容ステージごとの人口学的ポピュレーション（n数、％）と属性（性別・年齢・職業・居住地・家族構成・学歴・世帯年収等）をおもにアンケート調査（定量調査）から導く。全対象（total population）を人口学的にセグメンテーションする設計図こそが、ヒトの設計の基本骨格をなす。行動変容ステージの人口学的プロファイルは、４つのハードル（ココロで気づく/awareness、アタマでわかる/agreement、カラダが動く/action、カラダで覚える/control）によって分岐する。（図42）

❷行動変容ステージごとの制御因子［＋へ向く「成功因

子」、－に向く「阻害因子」(マーケティング用語では「バリア」とも呼ぶ)、－を＋へ誘導する「誘発因子」(同、「ドライバー」とも呼ぶ)]をおもにインタビュー調査(定性調査)により分析する。

図42：ヒトの設計図（人口学的セグメンテーション）

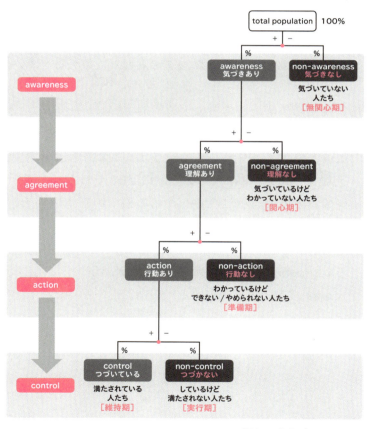

©2015 西根英一｜Eiichi Nishine

❸量的・質的調査の結果に基づいて、行動変容ステージのどこからアプローチするか、ターゲットに優先順位をつける。

　ターゲッティングの正しい意味は、「ターゲットを絞るのではなく、ターゲットに優先順位をつける」である。
　この「ターゲティング」について、おもしろい話がある。僕が厚生労働省の「すこやか生活習慣国民運動」（健康日本２１の後半戦）の推進室長を務めていたときのこと。健康目標は、「健康寿命を延ばしましょう」で、それを実現するための健康テーマは、食生活の改善、運動習慣の獲得、禁煙の３つ。僕らチームの任務は、調査分析にはじまり、戦略策定を経て、コミュニケーション設計まで。最初の打ち合わせで、厚労省のお役人さんに聞きました。「ターゲットは誰ですか？」。厚労省は答えました。「全国民です！」。正しいよ。確かに、正しい。あなたの答えは、絶対、正しい！！
　大変なのは、このプロジェクトの核心の「ターゲティング」という概念をどうやって理解してもらい、実行プランに入れ込むかだ。無理もない、彼らが預かっているのは、"公(おおやけ)"仕事だ。ターゲットという認識はあっても、選別して、さらに優先順位をつけるなんて発想はないし、ターゲティ

ングという手法に抵抗があって当然である。

　僕らは、3つの健康テーマについて、行動変容ステージを求める調査を行った。すると、こんなことがわかってくる。たとえば、「一日野菜を350グラム摂りましょう」に対して、定量アンケート調査をしたところ、"わかっちゃいるけど、できていない"人たち（準備・行動期）は全体の55％、両極の端にいる"そんなこと気にしない"人たち（無関心期）と"ちゃんとできている"人たち（維持期）がそれぞれ10％、あと残りが関心期の人たちというふうに選別された。さて、優先順位をつけて介入支援すべきは、"わかっちゃいるけど、できていない"人たちだ。

　そんな彼らに、定性インタビュー調査をしたところ、彼らは一日250グラムまでの野菜は摂れていることがわかった。その状況をもって、彼らは「わかっちゃいるけど、できていない」と回答しているのだ。つまりだよ。そんな彼らに「一日350グラムの野菜を摂りましょう」と言いつづけても、いつまでたっても"ちゃんとできている"人には変われないのだ。彼らには、「あと一日100グラムの野菜を摂りましょう」の介入支援がいい。それは、トマトにしたらたった半分の量。これさえできれば、彼らはあっという間に、"ちゃんとできている"人に仲間入り。

結果、数値としてもすごい変化が起こる可能性が出てくる。だって、全体の55％の介入支援に成功すれば、"ちゃんとできている"人たちは10％＋55％になるのだから。

　もし、ターゲットは「全国民です！」のままだと「一日350グラムの野菜を摂りましょう」という介入支援をつづけるしかない。

　ターゲティングとはかくあるべきだ、ということを、健康テーマごとに一つずつ細かく実施し、ターゲティングの有用性を理解してもらい、実行プランに「ターゲティング」という言葉を印すことができた。この調査分析や戦略策定、コミュニケーション設計については、"すこやか生活習慣国民運動×ターゲティングで検索！"。厚労省のホームページで主要部分は開示されている。

　同様に、ターゲティングで気になるのが、ピンクリボン運動だ。乳がん検診率を上げるのが健康目標。「ピンクリボン」の認知率は、健康関連企業やメディアや自治体や芸能人やキャラクターの参画の甲斐もあって、とてつもなく上がったが、検診率のほうはいまだ伸び悩んでいる。ここまで大々的にキャンペーンをしているにもかかわらず。

　最もよく耳にする介入支援のメッセージは、「乳がんは早期発見が大事です」。さて、このメッセージはズレていな

いだろうか。ターゲットを行動変容ステージごとに選別し、優先順位をつけた結果、最も優先順位が高い人たちに向けて、適切なメッセージを開発し、これにかかわるすべての健康関連企業、メディア、自治体、芸能人、キャラクターが一斉に、大々的にキャンペーンを行うことができたら、ターゲティングは成立する。この介入支援が完結したら、つぎの優先順位のターゲットに合わせて、さらなるキャンペーンを展開していくことになる。

　さて、あなたのヘルスケアビジネスのターゲティングをしてみよう。

　次の図を完成させて、まず、行動変容ステージの樹状図をつくる。Total populationは、その商材を手にすることができる全対象。たとえば、成人男性とか、大学生男女とかいう具合。厚生労働省の「全国民です！」のレベルで設定しよう。つぎに、気づいている/気づいていない、わかっている/わかっていない、やっている/やっていない、つづいている/つづいていない、の層別化でターゲットを選別し、最後に、ターゲットに優先順位をつけてみる。(図43)

図43：あなたのヘルスケアビジネスのターゲティング

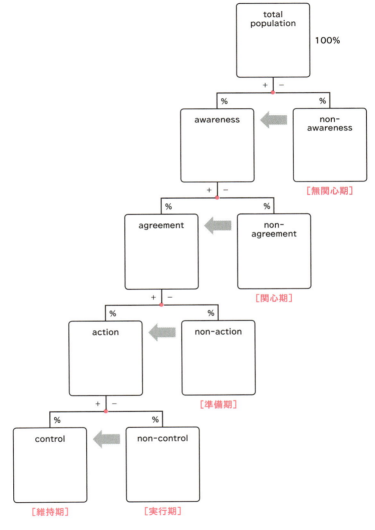

©2015 西根英一 | Eiichi Nishine

事例)「睡眠健康」ビジネスにみるターゲティング

　睡眠健康にかかる行動変容ステージごとの人口学的ポピュレーションを、マッキャンヘルスケアコミュニケーションズ自社調査のもと、試算した(n=1,000、16歳以上男女を地域人口構成比・年齢構成比)。

・睡眠に「満足」している層は36%で(若年層に多く)、残り64%は何らかの不満を抱えていた。勤労者の年代(20〜64歳)に限ると、8割近くの人が現在の睡眠に何らかの不満を抱えていることがわかった。

・睡眠改善行動としては、「取り組んでいる(6カ月以上)」(維持期13%)、「取り組んでいる(6カ月未満)」(行動期5%)、「はじめている＋取り組もうと思っている」(準備＋関心期54%)であり、「取り組もうとは思わない」(無関心期28%)であった。

・睡眠改善行動に取り組んでいる人(維持＋行動期)のうち、その対処行動(複数回答)は、「寝具・照明・香り・音楽など"睡眠環境"の工夫」66%、「入浴・運動・食事の時間や内容など"生活環境"の工夫」21%、「睡眠導入剤・睡眠改善薬などを服用」10%であった。

Next Step
　はじめている人の満足度調査と、取り組もうと思っている人の期待値調査により、行動の制御因子を定める。

第2部のまとめ
ヘルスケアビジネスを成功に導くチェックリスト マーケティング篇

- ☐ モノづくりには、知覚品質だけでなく、感覚品質も大事である
- ☐ エビデンスは、できるまでの確からしさと、できてからのお勧め度から質をみる
- ☐ インサイトは、顕在化するニーズと潜在化するアンメットニーズからできている
- ☐ 患者も予備軍も健康人も、等しく生活者であり、同じく消費行動をとる
- ☐ 世の中ゴトを築かないと、自分ゴトとして気づかない
- ☐ 予防焦点を醸し出すコトづくりには、メディテインメントなアイデアを入れて
- ☐ 促進焦点を呼び込むハコづくりには、CSVのアイデアを入れて
- ☐ 市場競争より、手つかずの市場の開拓や気づかずの市場の開発を
- ☐ ターゲティングとは、ターゲットを選別して優先順位をつけること

COMMUNICATION

第 3 部
ヘルスケアビジネスの
コミュニケーション設計篇

医療専門職の精緻に設計された意思決定尺度「ガイドライン」に対し、医療消費者はフリーハンドの意思決定尺度「マインドライン」に照らし合わせて、消費行動をとる。自分に合った主治医を探して病医院を転々とする"ドクターショッピング"のような行動も、その一例である。取り掛かってみたもののすぐ投げ出すという飽きの早さや中断率の高さも、医療から健康、美容までヘルスケア全体に特徴的に見られる。いずれもリテラシー対応型のコミュニケーションの開発と実践が未熟であるがゆえの現象である。

　リテラシーとは何か。この問いに、僕は「情報を知識に変え、知識を知恵に変える能力（情報活用能力）」と定義してきた。しかしこれだけではリテラシーのレベルを解釈するには至らず、リテラシーが高い／低いをどうやって表現したらいいかという問題が残る。そこで、エビデンスの「質と量」とインサイトの「強弱」という2つの因子によって、次のように規定した。

　リテラシーの高さとは、保有するエビデンス（根拠のあ

る確かな情報）の質の高さとその量の多さをもってして、内在するインサイト（秘める欲求）の強さとの関係によって示される。

リテラシーの高低
＝ 保有するエビデンスの質と量 × 内在するインサイトの強弱

　医療専門職のリテラシーは、インサイトに比べ、エビデンス優位の状態にある。一方、医療消費者のリテラシーは、エビデンスに比べ、インサイト優位の状態にある。「なぜ医者と患者は理解しあえないのか？」という言葉に置き換え得るエビデンス - プラクティス・ギャップの根源的理由は、この両者のエビデンスとインサイトの比重のズレにある。

　多くの場合、消費者は簡単に満足しないし、満足してもいつしか飽きるし、さらに次を期待するという消費行動そのものをとる。「患者＝医療消費者」というマーケティング的解釈も、ここに生まれる。健康を考える私と生活を楽しむ私という２つのインサイトを内にもつ医療消費者は、「ふわふわした気持ち」を抱えており、この間を常に行き来している。

9.1 伝えると伝わる
〜ヘルスケアのコミュニケーション環境

　一般消費財であれば、企業（B：Biz）から消費者（C：Consumer）へのB to Cコミュニケーションによって、おおよその広告ビジネスは成り立つ。しかし、ヘルスケア関連消費財の場合は、企業と消費者の間にもう一つのB「専門職」（医師・薬剤師に代表される医療従事者や、保健師・栄養士に代表される保健従事者）が介在し、B to B to Cコミュニケーションを主流に、この上流域ではB to Bコミュニケーション、下流域ではB to Cコミュニケーション、さらに一般消費財同様のB to C（＝DTC：Direct To Consumer）コミュニケーションの計４つのルートが存在し、ヘルスコミュニケーションは体系を成している。（図44）

　つまり、商材がもつ情報だけでなく、専門職が有す健康・医療情報がこれら一連のコミュニケーションの中で複雑に交錯し、消費者行動を制御している。

　結果、ヘルスケア関連消費財の広告ビジネスには、商材のプロモーション（販売促進活動）と専門職のヘルスプロモーション（健康増進活動）が両立することになる。そのため、健康・医療情報を受け容れる素地となる《ヘルスリ

図44：ヘルスコミュニケーションの体系図

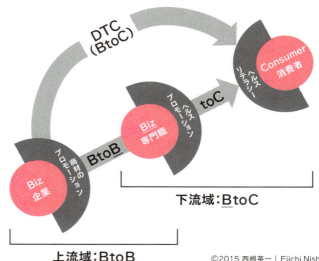

©2015 西根英一 | Eiichi Nishine

テラシー》を消費者に育成することが、広告ビジネスのもう一つの大きな柱として求められる。

　健康・医療情報の「伝える」（通達）と「伝わる」（伝達）について、自動翻訳装置みたいな役目をもつのが、ヘルスリテラシーである。

　一般に、ヘルスリテラシーは、「健康・医療に関する的確な情報にアクセスし、理解し、活用する能力」と定義される。

僕は、「健康・医療に関する情報を知識に変え、知識を知恵に変える能力（＝健康・医療情報活用能力）」と定義し、消費者はヘルスリテラシーをもってして、情報収集力、情報選択力、情報判断力、情報伝達力、自己決定力を開発し、その力の総和を各個人がもつヘルスリテラシーと定める。先に示した、保有するエビデンスの質量と内在するインサイトの強弱は、情報収集力、情報選択力、情報判断力、情報伝達力、自己決定力の力量のそれぞれに掛かり、作用することになる。

そして、ヘルスリテラシーの獲得こそが、行動変容ステージを上げていく原動力となる。（図45）

図45：ヘルスリテラシーの獲得

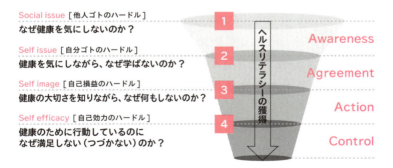

©2015 西根英一 | Eiichi Nishine

10.1 ヘルスリテラシー対応型コミュニケーションモデル

　第2部のターゲティングの項で触れた「気づいていない」無関心期の人、「気づいているけど、わかっていない」関心期の人、「わかっているけど、できない/やめられない」準備期の人、「しているけど、満たされない」実行期の人、「満たされている」維持期の人の存在は、何を隠そう、リテラシーの成長過程を示したもので、ヘルスリテラシー対応型のターゲットセグメンテーションといえる。
　このリテラシーが異なる人たちを対象に、共通アプローチだけでなく、個別のコミュニケーションを設計していくことが求められる。
　コミュニケーションの設計には、

・共通のメッセージ（健康テーマを伝える情報）
・個別のメッセージ（意思決定を促す情報）
・インフルエンサー（メッセージを際立たせる人や物）
・タッチポイント（価値観が共有される時機ないし場所）
・メディア（意思決定を最適化する媒体）

　を定めることが必要である。

これを再現する例として、禁煙プロモーションを、僕なりに体系化して見せよう。一部に製薬会社ファイザーのコミュニケーション展開例を織り込む（図46）

図46：禁煙プロモーションのコミュニケーションモデル

©2015 西根英一｜Eiichi Nishine

参考までに、ここでメディア分類に触れよう。ちょっと前まで、メディア分類といえば、テレビですか、ラジオですか、新聞ですか、雑誌ですか、ＷＥＢサイトですか、みたいな時代があった。
　いまは、トリプルメディアという呼び方で、
1）ペイドメディア（Paid Media）… 購入するメディアのこと。費用を支払うことで利用できるメディアで、いわゆるマス４媒体（テレビ、ラジオ、新聞、雑誌）の広告、ＷＥＢサイトのバナー広告などを指す。
2）オウンドメディア（Owned Media）… 所有するメディアのこと。自らがオーナーとなって管理運営し、情報発信するメディアで、広報誌や自社サイトなどのことをいう。
3）アーンドメディア（Earned Media）… 獲得するメディアのこと。関係者や第三者から信用や評判を得るためのメディアで、番組や記事としての掲載、ＳＮＳ（ツイッターやフェイスブックほか）の発言などがある。
というようにメディアを分類する。これらに加え、店舗のようなリアルな空間をメディアの一つと加える場合もある。
　設計図（図46）に記した「メディア」とは、このトリプルメディア＋リアル空間メディアのうち、どれによって意思決定が最適化されますか、ということになる。

図47：ヘルスリテラシー対応型コミュニケーションモデル

さあ、次はあなたの番だ。この図をつくり込めれば、限られた広告プロモーション費も戦略ＰＲ費もムダづかいすることなく、適正なコミュニケーション設計が叶うはずだ。（図47）

　たとえば、この図を頼りに、「今年は関心期の人たちをターゲットにコミュニケーション活動をします。そのための実行プランを用意してください」とあなたから、広告会社やＰＲ会社に伝えればいい。もちろん、彼らに頼むほどの予算がなければ、この図に適合したコピーとビジュアルを自ら制作して、チラシとか、ウェブサイトをつくってみるも良し。仲間とワイワイガヤガヤやりながら、ワークショップという形でつくるも良し。

　ここまでくればおわかりだろう。マーケティングコミュニケーションは、精緻な「設計図」として成り立っている。設計士を指名することがなによりも重要だ。僕を指名してくださるなら、とってもうれしい。それといっしょに、腕のいいコピーライターやお気に入りのアートディレクターをご自由に指名くださって結構です。

11.1 ヘルスケアの情報発信
〜学術発表・戦略ＰＲ・広告プロモーション

　一般消費財であれば、「広告プロモーション」によって、情報発信が叶う時代があった。これは、マスコミ全盛期の話。デジタルメディアにＳＮＳが加わった現代においては、話題化を目的とする「戦略ＰＲ」の手法が欠かせなくなった。さらに、ヘルスケアビジネスには、「学術情報」の情報発信が並列して加わる。

　ＰＲに関して少し補足しておこう。

　僕が「情報発信研修」（いわゆる広報研修）を担当している長崎県庁の看板には、「長崎縣廳」と書かれている。「廳」は「庁」の旧字体。「よく聴く家屋」の意味らしい。つまり、長崎県民の話をよく聴くための組織が、長崎県庁というわけ。ＰＲとは広報・広聴を機能とし、文字どおり、広く報告し、広く聴くことを意味する。長崎県に限らず、自治体経営において、広報・広聴の大切さが問われるようになって久しい。

　企業経営においては、高度経済成長期からリーマンショックあたりまでは、「プレスリリース広報」とリスク時の対応をマニュアル化する「リスクマネジメント広報」の歴史が長く、つい最近になって、コミュニケーション戦略

のなかに広報を位置づける「戦略的広報」（後に、「戦略ＰＲ」として定着）が新たに主流に加わった。コトの設計において紹介した、イシューイング（課題づくり）には、この戦略ＰＲという手法が用いられる。この手法が確立したことによって、ＰＲ業界は様変わりした。いまや広告業界と肩を並べるほどである。学生の就職先としても人気が高い。

　さて、学術情報の情報発信は、他のビジネス群とは比べものにならないほど、ヘルスケアビジネスでは重要度が高い。これがないと、戦略ＰＲも、広告プロモーションも展開できないといっても過言ではなかろう。

　学術情報は、エビデンスをつくり、そのエビデンスを積み重ね、戦略ＰＲは、話題をつくり、その話題を積み重ね、広告プロモーションは、メッセージをつくり、そのメッセージを積み重ねる。その総和の量と質で、商材の評価価値＋評判価値＋購買価値を創造し、ビジネスを勝利に導く。（図48）

図48：ヘルスケアビジネスの情報発信

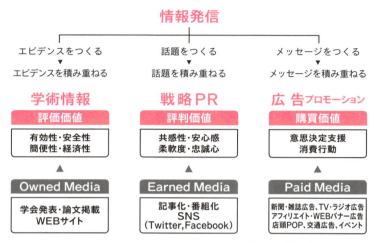

　どれも手を抜いてはいけないし、どこかに偏ってもいけない。できれば、この３つの情報発信を統括管理する部門（ないし統括責任者）が企業内にある（いる）といい。その下に、３つの担当部署（ないし担当者）を置く。ただ現実的には、学術出身の人が戦略ＰＲや広告プロモーションをみたり、宣伝出身の人が学術情報をみたりすることは困難で、人材探しがなかなか難儀なのが、ヘルスケアビジネス経営の難点。実のところ、数年前に僕は、あるヘルスケアビジネス企業（某製薬会社）から、新設予定の、この要職に

御指名いただいたが、ここには書けない、あまりの待遇の良さにおびえ、丁寧にお断りした。いまだにそのポジションは空いているままのようだが、いいところに気づいている企業だなぁと正直思う。

　拙著が、このポジションにふさわしい人材育成に寄与し、多くの人が企業や自治体において活躍できるようになれば、日本のヘルスケアビジネスは、バランスよく成長することができよう。そんな僕は、近い将来、ヘルスケアビジネス協会なるものが生まれることを期待する一人である。

　いまやヘルスケアビジネスは大企業のものだけではない。地方自治体も、地方の中小企業も、下町の食堂も、島に一軒のパン屋さんも、売り出し中のミュージシャンも、ヘルスケアビジネスをはじめることができる。

　自治体のヘルスケアビジネスの可能性としては、ベッドタウンの市町村が「よく眠れる街」宣言をすれば、シティーセールスに役立つ。睡眠健康でビジネスする企業（寝具メーカーに限らず、機器メーカーや住宅メーカーなど）と共同で、住民の眠りをサポートしたり、一部の住民に参加いただいて、学術団体や医療機関の関与のもとに眠りをモニタリングしながらマネジメントしていく研究を実施したり……。それらは、自治体にとっても、企業にとっても、学

術団体にとっても、医療機関にとっても、戦略ＰＲとして活用でき、それぞれの社会的価値を存分に情報発信できる。なおかつ、「共創互恵」の精神を地域に育む。

　これからは、地方の中小企業だって、ヘルスケアビジネスの正夢をみる。医療に限らず、衣食住にかかわる企業であれば、その可能性は計り知れない。いま、ヘルスケアビジネスに取り組む企業は、幅広い展開をしている。（図49）

　この「食」の欄に、2015年、新たに**「(健康)機能性表示食品」**（加工品に限らず、生鮮品含む）が加わる。となると、

図49：ヘルスケアビジネスの展開例

商材（カテゴリー）	商品	・医…医薬品、医療機器 ・衣…ウエア、シューズ ・食…医療食、特定保健用飲食料品（トクホ）、栄養機能性飲食料品（サプリなど）、栄養調整用飲食料品、スポーツサポート用飲食料品、代替用飲食料品（ミールリプレイスメント） ・住…健康住宅、健康家電、健康機器（測定系、管理系、回復系）、フィットネス機器
	サービス	・医療行為（診断、治療、処方、指導など） ・情報サービス（番組、チャンネル、ポータル、コンテンツなど） ・支援サービス（プログラム、カリキュラム、メニュー、モニタリングなど） ・訪問サービス、宅配サービス ・通販サービス（カタログ通販、テレビ通販、ネット通販、メーカーのダイレクト通販） ・中食サービス（デパ地下系、スーパー系、コンビニ系、弁当屋系）
	施設	・医療機関、健診機関 ・薬局薬店・ドラッグストア、スーパー・量販店、コンビニエンスストア ・健康増進施設（トレーニングジム、フィットネスクラブ、スタジオ、プールなど） ・リラクゼーション施設（スパ・温浴施設、鍼灸・アロマ、整体・マッサージなど） ・スクール（料理教室、○○セラピー教室、健康セミナーなど） ・外食施設

©2015 西根英一 | Eiichi Nishine

第一次産業も堂々参入し、ほとんどすべての業態において、ヘルスケアビジネスが生まれる。第一次産業が加われば、町の食堂も、パン屋さんも、カレー屋さんも、健康食材を生かしたメニューがつくれるし、ヘルスケアの情報発信ができる。たまたま見かけたのだが、沖縄県那覇市役所の隣には、「那覇市健康づくり協力店第１号店」と銘打つ食堂があり、"お野菜たっぷり、一日分のお野菜ランチ　800円。1食に30品目以上の食材を使用したヘルシーランチ、750kcal以下"と看板が出ていた。これは、食品機能性表示制度前の看板。でも制度開始後、地元沖縄県の医学部や薬学部ないし栄養学部などをもつ地元大学と、地場産業とローカル企業が相互に連携し合う機会を創出できれば、地産の沖縄食材のいくつかに機能性表示がかなうかもしれないし、具体的な健康訴求だって可能になる。たとえば、"書類づくりのための目の健康に"とか、"書類はこびのための膝の健康に"用のヘルシーランチとか。

　最後に、ミュージシャンがヘルスケアビジネスの情報発信ができるかについて。答えは、できる！だ。これも、たまたま沖縄県での話。沖縄のハイパークリエーティブ・ユニット「ポニーテールリボンズ」（通称ポニテ）との出会いが、それを物語る。

クリスマスを明後日に控えた沖縄、ある交差点でのこと。カーステレオから流れたのが、「アンチエイジング　誰のため？　誰のためにうつくし〜く♪」
　僕は、車を走らせている目的を一瞬にして見失うほどの衝撃を受けた。すぐさま、地元のＣＤ屋へ。「アンチエイジングくださ〜い！」。すると、手渡されたのが、ポニーテールリボンズの新譜『VERY GOOD』だった。ロック調の楽曲「アンチエイジング」が、美に邁進する女性を茶化す。ロシア民謡調の「ぽっちゃりゴルバチョフ」が、メタボ中年男を嘲笑う。「ちょめちょめクラブ」が、セクシュアルヘルスとは何であるかを延々と説法する。あれやこれや、ほぼ起きている間じゅうずっと、ポニテの曲がアタマの中を駆け巡ることになった。僕は観念し、「ポニテ」をヘルスコミュニケーションの神と崇めることにした。
　１カ月後、僕はポニテとその仲間たちといっしょに酒を交わした。「そんなふうに、僕らの曲を聴いた人は、きっとはじめてです」。こんなふうに、ではなく、そんなふうに、と確かに言った。それくらい稀有に思えたのだろう。いま僕は、彼らと仲良く、ポニテといっしょにヘルスケアビジネスを学ぶ、という変な本も書いている（電子出版予定）。

第3部のまとめ
ヘルスケアビジネスを成功に導くチェックリスト コミュニケーション篇

☐ 販促活動（商材プロモーション）と健康増進活動（ヘルスプロモーション）が共存している

☐ 健康・医療の情報を知識に、知識を知恵に変える能力（ヘルスリテラシー）を育む

☐ 共通メッセージで健康テーマを伝え、個別メッセージで意思決定を促す

☐ メッセージを際立たせる人ないし物（インフルエンサー）を見つけ出す

☐ 価値観が共有される時と場（タッチポイント）を見定める

☐ Paid, Owned, Earned のトリプル発想でメディアを選定する

☐ 学術情報と戦略ＰＲと広告プロモーションがあってこそヘルスケアビジネスは成り立つ

おわりに 〜 ヘルスケアビジネスつづけよう

　日本で、いや世界でも類を見ないヘルスケアに関するマーケティングとコミュニケーションの本を書くこと。これが、僕の上司（外国人社長）と交わした約束だった。あれからあっという間に数年が経ってしまった。僕の勤める会社は外資系企業なので、約束不履行を理由に会社を辞めさせられることもあり得るが、その間、それに代わるいくつかの研究論文をまとめたり、いくつものソーシャルビジネスを手がけたり、そして、それらがいずれもまあまあ注目されたことから、堂々と構えて、まだ僕はここにいられる。そうこうしているうちに、その外国人社長は全米（北米・中南米）の社長に昇進。もう日本にはいなくなってしまった。それにしたって、そろそろ「出来ました！」と言わねばならない。

　一方、僕は僕で、こむずかしいビジネス書を書く気持ちは一切なかった。

　きっと、外国人社長は、ヘルスケアビジネスの事例（ケーススタディ）を含め、これらを体系的にまとめた書物が世に出ていないことをもって、「類を見ない」と言ったに違いないのだが、僕のなかでは、「類を見ない」を「まともな書

き方じゃない」と勝手に都合よく解釈しているもんだから、ややこしい。評判良ければ英語版を、と言ってた外国人社長も、こりゃムリだと言うだろうな。

　最後に、僕の思いを聞いてくださった方々に感謝。本の刊行の実現に対して、宣伝会議マーケティング研究室の谷口優さん、佐藤匠さんへ感謝。ヘルスケアマーケティングを学術面からご支援いただいた日本広告学会所属の先生方に感謝。ヘルスケアマーケティングの教育面においてご協力いただいている千葉商科大学サービス創造学部の吉田優治学部長に感謝。沖縄の健康長寿の復興に取り組んでいらっしゃるみなさんに感激。社内外の仕事仲間、飲み仲間の声援に感動。

　そして、この本の読者のみなさんへ、感謝の気持ちと愛をこめて……。これからもどうぞごいっしょに、ヘルスケアビジネスつづけましょう！

　そんなみなさんへ、「ヘルスケアビジネスをはじめて＋つづける図」をプレゼント。

　空いているボックスのどこかに、"はじめるビジネス"を入れましょう。モノコトハコヒトのマーケティング戦略とヘルスリテラシー対応型のコミュニケーション設計が叶い、成功しはじめたところで、左右となりのボックスの

どっちか、あるいは上下となりのボックスのどちらかに、"つづけるビジネス"をつくりましょう。みなさんのヘルスケアビジネスが、このボックス全体を埋めつくすことを、心から応援しています！

ヘルスケアビジネス設計士 西根英一

図50：ヘルスケアビジネスをはじめて＋つづける図

Healthcare \ Business	ヘルスケア（ドメイン）			
	治療 medical	予防 health	健康 wellness	美容 beauty
商材（カテゴリー） 商品				
商材（カテゴリー） サービス				
商材（カテゴリー） 施設				

©2015 西根英一 | Eiichi Nishine

おわりに

・本稿は、「2011年度日本広告学会関東部会研究助成（研究期間：2012.2.1 〜 2013.1.31）」における中間報告と最終報告を発展的に継承する。
・本書の内容は、セミナー講師を務める「宣伝会議」のヘルスケアマーケティング実践講座（健康と美容のマーケティング基礎講座、エビデンスマーケティング講座より発展）、ならびに教鞭をとる千葉商科大学サービス創造学部のヘルスケアビジネス関連講座の内容に準じる。

参考図書
・近藤克則（日本福祉大学社会福祉学部教授）ほか、『ソーシャル・キャピタル 「きずな」の科学とは何か』、2014年、ミネルヴァ書房
・鈴木 信（琉球大学名誉教授）監修、『沖縄健康の生き方』、2014年、「新老人の会」沖縄支部
・大橋靖雄（東京大学名誉教授）、『生物統計学の世界』、2014年、スタットコム株式会社
・中山健夫（京都大学大学院医学研究科教授）監修、『ヘルスコミュニケーション実践ガイド』、2008年、日本評論社
・ヘルスビズウォッチドットコム編、『健康ビジネス業界がわかる』、2007年、技術評論社
・Tom Blackett and Rebecca Robins、『BRAND MEDICINE』、2001年、PALGRAVE

参考文献
・【制御焦点理論について】
石井裕明（2009）「消費者行動研究における制御焦点理論研究の展開」『早稲田大学大学院商学研究科紀要』(68)
・【関連性理論について】
新井恭子（2010）「『広告のことば』のコミュニケーション効果－関連性理論の応用」『日経広告研究所報』(252)：p35 〜 41
・【ＣＳＶについて】
Michael E. Porter and Mark R. Kramer（2011）, Creating Shared Value：How to reinvent capitalism － and unleash a wave of innovation and growth, Harvard Business Review.
・【ヘルスケアビジネス論について】
西根英一（2013）「ヘルスケアビジネスを成功に導く《モノコトハコヒト》の設計図－健康・医療・美容を取り巻く広告モデルの設計と展開」『日経広告研究所報』(270)：p10 〜 16
西根英一（2012）「ヘルスケアビジネスのリテラシー対応型広告モデル －エビデンス・プラクティス・ギャップの解明と対策」『日経広告研究所報』(264)：p25 〜 31

[宣伝会議からのご案内]

実務に活きるスキル・ノウハウを学びたい方のための教育講座

目的を達成する制作物を完成させるためには、好みや感性以前に、守るべきセオリーがある。

クリエイティブ・ディレクション基礎講座

【以下のようなお悩みをお待ちの方へ】
- テキストのベタ打ちのようなレイアウトをなんとかしたい
- 情報を盛り込みすぎて、いつもごちゃごちゃしてしまう
- 感覚で注文をつけてくる現場を論理的に説得したい

【対　象　者】デザイン・コピーライティングの専門職ではないけれどPOP、パンフレット、チラシ、Webページなどの制作に関わる方。Web制作会社、広告会社、広告制作会社などの方。
【開　講　月】3月・6月・9月・12月
【時　　　間】10:00～18:00
【受講料金】38,000円（税別）

50年以上の実績とノウハウから、ステップに合わせた各コースで学ぶ。

コピーライター養成講座 基礎・上級・専門コース

【以下のようなお悩みをお待ちの方へ】
- 未経験だがコピーライターへの就職・転職を目指している
- 偶然の名コピーではなく必然の優秀コピーを量産したい
- 日常業務の場を離れ、一流コピーライターに弟子入りしたい

【対　象　者】コピーライターになりたい方、コピーライターへの転職を考えている方、コピーライターで自社以外に成長の場が欲しい方。
【開　講　月】基礎コース:4月・10月　上級コース:6月・11月　専門コース:クラスにより異なる
【時　　　間】コースにより異なる
【受講料金】基礎コース:160,000円
上級コース:180,000円
専門コース:クラスにより異なる（それぞれ税別）

生活者の背中を押し、広告の効果を最大化するための「売れる空気」をつくる。

戦略PR講座

【以下のようなお悩みをお待ちの方へ】
- 他社と差別化できるような商品も、メディアで話題になるようなネタもない
- 予算がないため、口コミで広げていこうと画策しても広まっていく兆しすらない

【対　象　者】広告会社、制作会社、イベント企画会社、PR会社にてPRプランニングや営業を担当されている方。また、企業の宣伝・広報セクションでPR企画を担当されている方。
【開　講　月】3月・9月
【時　　　間】10:00～17:20
【受講料金】48,000円

ユーザーの課題を解決するコンテンツで、今まで振り向かなかった新規顧客を開拓する。

コンテンツマーケティング実践講座

【以下のようなお悩みをお待ちの方へ】
- 広告臭が強いと反応が悪く、弱めると商品に落ちてこない
- 広告と同じ素材を組み直して使いまわしてしまっている

【対　象　者】企業のWeb担当者。広告制作会社、Web制作会社のディレクター。SP会社、印刷会社の企画担当者。
【開　講　月】3月・6月・10月
【時　　　間】10:00～18:00
【受講料金】48,000円

詳しい内容についてはホームページをご覧ください ➡ www.sendenkaigi.com

株式会社宣伝会議　東京・大阪・名古屋・福岡・札幌・仙台・広島

緊急開催！

「機能性表示解禁」を目前に
食品・薬品業界を襲う地殻変動を生き抜くための

ヘルスケアマーケティング実践講座

2015年3月12日(木)・13日(金)【2日間集中開催】

食品の新しい機能性表示制度のスタートで、活性化する市場。
対応力の差は、そのまま競争力の差に…

- 健康を意識している層が増えているはずだが、社内的には実感がない。社内で考えても何をしていいのか分からない。

- 薬事関連の規制は刻々と状況が変わってくるので、時々のアップデートが必要。しかし、お役所の資料や社内の勉強会では、理解が曖昧なままだ。

- お客さんに刺さる表現とは何か。しっとり、プレミアム…といった表現は、法律に引っかかるのか分からない…

- 医薬品の通販も解禁されたが、ドラッグストアからの苦情があり、Webは様子を見ている。

- 企業の基準、業界の基準、媒体社の基準がそれぞれ違っている。とはいえ基準を一番厳しくしてしまうと、響く表現にならない。

- 規制緩和は社内でも問題になっている。脅威でもあり、追い風でもあるが、実際にどんな表現がOKになるのか。

写真提供 Shutterstock

講座概要

- 開講日時：3月12日(木)、13日(金) 10:00〜17:35（両日とも）
- 受講定員：35名
- 受講対象：飲食料品、健康食品、サプリメントのマーケティング、販売促進、商品企画、営業などに関わる方
- 受講料金：92,500円（税別）
- お申込先：
  http://www.sendenkaigi.com/class/detail/beauty_health_mktg.php

著書の西根英一氏が登壇！

西沢 邦浩氏
株式会社 日経BP『日経ヘルス』
プロデューサー

赤坂 卓哉氏
エーエムジェー株式会社 代表取締役

なども登壇決定！

コミュニケーションシンクタンク
宣伝会議　株式会社宣伝会議　TEL：03-6418-3330　FAX：03-6418-3336
E-mail：market@sendenkaigi.co.jp

西根英一（にしね えいいち）

マッキャンヘルスコミュニケーションズ CKO（チーフ・ナレッジ・オフィサー、最高知識責任者）。健康・医療・美容のマーケティング戦略とコミュニケーション設計を専門とする。学術研究活動のほか、大学やビジネススクールでの教育機会も多数。千葉商科大学サービス創造学部非常勤講師（「健康サービス論」「調査法」ほか）、「宣伝会議」講師（ヘルスケアマーケティング実践講座ほか）、「女性起業塾」講師など。東北支援「おらほのラジオ体操」発案者、NPO防災のことば研究会　副理事長、EBN推進委員会　立案者兼委員。日本広告学会、日本臨床腫瘍学会の正会員、日本メディカルライター協会、日本医学ジャーナリスト協会の協会員。厚生労働省「すこやか生活習慣国民運動」（健康日本21）の推進室室長等を歴任。

生活者ニーズから発想する
健康・美容ビジネス「マーケティングの基本」

発行日	2015年3月1日　初版
著者	西根 英一
発行者	東 英弥
発行所	株式会社宣伝会議 〒107-8550 東京都港区南青山5-2-1 TEL.03-6418-3320（販売） TEL.03-6418-3331（代表） URL.www.sendenkaigi.com
装丁 本文デザイン	志村 正人（SANKAKUSHA）
印刷・製本	中央精版印刷株式会社

ISBN 978-4-88335-330-9　C2063
©Eiichi Nishine
2015 Printed in Japan
無断転載禁止。乱丁・落丁本はお取り替えいたします。